Olgierd E. J. Graf Kujawski
DIE NEUE FISCHKÜCHE

Olgierd E. J. Graf Kujawski

DIE NEUE FISCH KÜCHE

Köstlichkeiten aus heimischen Gewässern

Fotogestaltung:
Ursula Gräfin Kujawski

Leopold Stocker Verlag
Graz – Stuttgart

Inhalt

Süßwasserfische – ein hochwertiges Nahrungsmittel
Seiten 6/7

Warenkunde
Seiten 8-11

Küchentechnik
Seiten 15-19, 38, 42, 50, 55/56, 69, 81/82, 95, 105, 118/119, 127, 155, 171

Lachs, Forelle und Anverwandte
Seiten 12-14, 20-35

Karpfen und Schleie
Seiten 36/37, 39-53

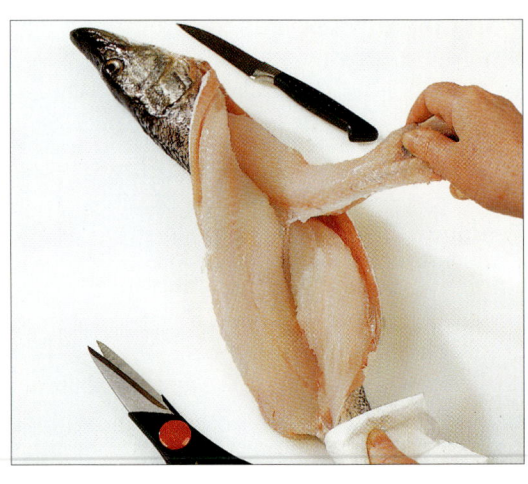

Wels
Seiten 94, 96-103

Aal
Seiten 104, 106-115

Flußkrebse
Seiten 116/117, 120-125

Fischrogen und -milch
Seiten 126, 128/129

Fischsuppen
Seiten 130-141

Kalte Fischküche Salate und Eingelegtes
Seiten 142-153

Flußbarsch und Zander
Seiten 54/55, 57-67

Hecht
Seiten 68, 70-77

Weißfische
Seiten 78-80, 83-93

Sülzen, Terrinen, Pasteten
Seiten 154, 156–165

Fisch pökeln und räuchern
Seiten 166–170, 172/173

Wissenswertes in der Fischküche
Seiten 174–177

Beilagen und Würzmittel
Seiten 178/179

Rezeptregister
Seiten 188/189

Küchenbegriffe und -techniken
Seite 190

Literatur, Quellen, Danksagung, Impressum
Seiten 191/192

Fisch und Wein
Seiten 180/181

Wertvolle Küchenhelfer
Seiten 182/183

Menüfolgen
Seiten 184/185

Fachbegriffe der Angler und Fischer
Seiten 186/187

Süßwasserfische – ein hochwertiges Nahrungsmittel

Ich gestehe, daß ich beim Verzehr von Fisch immer dann besondere Gaumenfreuden empfinde, wenn die Geschuppten aus heimischen Gewässern stammen. Fangfrisch in die Küche verbracht und in unterschiedlichster Zubereitung serviert, beglücken sie Zunge und Gaumen. Nicht, daß ich etwas gegen Seefisch hätte, der heute dank moderner Kühltechnik in hoher Qualität angeboten wird, doch ist dieser von anderem Geschmack als die aus dem Süßwasser stammenden Flossenträger.

Halt! Fast hätte ich es vergessen: Freilich gab es auch eine Zeit, in der eine aus einem Bach, einem Fluß oder einem See geangelte oder gefangene Forelle, eine Schleie oder ein Karpfen nicht so mundeten, wie ich es von Kind auf gewohnt war. Schuld daran waren Abwässer und Einleitungen, die den Lebensraum der Geschuppten derart veränderten, daß Geruch und Geschmack ihres Fleisches Erinnerungen an den Duft einer Klärgrube und an die Aromen in einem Chemielabor weckten. Mittlerweile gehören derartige Erfahrungen der Vergangenheit an, dank strenger Umweltschutzauflagen für Industrie- und Gewerbebetriebe sowie einer auch im ländlichen Bereich verstärkt durchgeführten Kanalisation.

Heute gibt es in unseren Landen praktisch kein mit Fischen besetztes Gewässer, dessen Wasserqualität nicht so gut ist, daß die aus ihm angelandeten Fische nicht genußvoll verzehrt werden könnten. Beste Beispiele hierfür sind der Rhein und die Donau, in deren Wassern sich nach mehreren Jahrzehnten wieder Lachs und Stör wohlfühlen. Dies zwar noch in begrenzter Zahl, doch mit steigender Tendenz – neben zahlreichen Umweltschutzorganisationen mit ein Verdienst der Teiche, Seen und Flüsse bewirtschaftenden Berufsfischer und der an allen Gewässern ihrer Passion nachgehenden Angelfischer. Mit der Verbesserung der Wasserqualität haben sich naturgemäß auch die Lebensbedingungen zugunsten der Fische verändert. Ein vielfältiges, natürliches Nahrungsangebot sichert Überleben und Nachwuchs.

Als Angelfischer, der – im Gegensatz zu manchem anderen aus der gleichen Zunft –

Flußbarsch, küchenfertig vorbereitet.

alle selbst gefangenen Fische grundsätzlich in der eigenen Küche verwertet, weiß ich, daß es eine Rangfolge in der Beliebtheitsskala der Süßwasserfische gibt. Ganz oben stehen die verschiedenen Forellen- und Saiblingarten, der Lachs und, sofern erhältlich, der Huchen – alle zur Familie der Salmoniden zählend. Da sich insbesondere die Forelle und der Lachs infolge spezieller, vom Menschen der Natur nachempfundener und bewährter Verfahren heute in fast beliebiger Zahl vermehren und aufziehen lassen, hat ihre nahezu uneingeschränkte Verfügbarkeit sie zu den bekanntesten und beliebtesten Speisefischen gemacht. Der Leser und Fischfreund mag es mir nachsehen, wenn ich hier auch den Lachs, den wir heute fast ausschließlich aus den in nordeuropäischen Fjorden und damit im Salzwasser des Atlantik gelegenen Aquakulturen erhalten, mit zu den Süßwasserfischen zähle. Schließlich liegen sein Ursprung und sein Ende, im Gegensatz zum ebenfalls als Süßwasserfisch hochgeschätzten Aal, in Bächen und Flüssen. Vermutlich mit ein Grund, weshalb das Fleisch des Lachses sich in Struktur und Aroma von dem vieler reiner Salzwasserfische unterscheidet und deshalb so geschätzt wird.

Ebenfalls ganz oben auf der Beliebtheitsskala rangieren Karpfen und Schleien, sogenannte Saisonfische, obwohl sie eigentlich das ganze Jahr über den Handel verfügbar sind. Mit Karpfen und Schleien ist es offensichtlich wie mit dem Wild: Erst wenn es Herbst wird, belebt sich die Nachfrage nach beiden – mehr traditionell als sachlich bedingt, auch wenn dies mancher in Unkenntnis des Wohlgeschmacks eines im Sommer gefangenen Karpfens oder Schleis bestreiten mag. Wäre dem anders, müßte die Frage geklärt werden, was mit den Tausenden von Karpfen und Schleien geschieht, die von Angelfischern in den Monaten Mai bis September gefangen werden. Ganz einfach: Sie werden mit Genuß im Familienkreis verspeist.

Folgen wir dem Bogen der Beliebtheitsskala, dann tauchen als nächste Waller (Welse), Hechte, Zander und Barsche auf; jeder für

Rotfedern, in der Küche vielseitig verwertbar.

sich eine Köstlichkeit. Vorausgesetzt, man weiß in der Küche mit ihnen umzugehen. Entsprechendes Wissen, basierend auf in der eigenen Familie überlieferten Rezepten und selbst erprobten Zubereitungsarten, wird in diesem Buch vermittelt.

Geradezu ein Aschenputteldasein führt, bezogen auf ihre Verwertung in der Küche, eine Vielzahl von Weißfischen. Es ist ihre an Gabelgräten reiche Skelettstruktur, die viele davon abhält, ihr festes und geschmacklich hervorragendes Fleisch zu verwerten. Da sie ein wertvolles Nahrungsmittel darstellen und zudem preislich günstig zu haben sind, lohnt es sich, neue Wege zu gehen und die in „Die neue Fischküche" empfohlenen Zubereitungen auszuprobieren, die speziell für diese Fische, u.a. Döbel, Rotauge, Rotfeder, Brasse, Güster, erdacht und in der Küche umgesetzt wurden.

Persönlich empfinde ich es als einen Affront gegen die uns anvertraute Natur und die in ihr lebenden, uns zur Nahrung gedachten Geschöpfe, wenn z.B. Brassen, Döbel, Rotfedern oder Rotaugen, die sich in den Reusen und Netzen der Berufsfischer fangen oder an den Haken des Angelfischers gehen, tonnenweise in einer Bio-Gasanlage entsorgt oder eimerweise in den Müllcontainer geworfen werden. Weil sie niemand kaufen oder essen mag oder weil ihre Verarbeitung zu Fischmehl die Kosten nicht lohnt. Daß dies künftig weniger, vielleicht gar nicht mehr erfolgt, ist mit ein Anliegen dieses Buches.

Olgierd Graf Kujawski

Warenkunde

Die gute Nachricht am Anfang: Aus dem Süßwasser stammende Fische enthalten, im Gegensatz zu Meeresfischen, keine Nematoden – ein Vorteil, der sie in Verbindung mit ihren ernährungsphysiologischen Eigenschaften im Abverkauf mengenmäßig eigentlich steil nach oben bringen sollte. Daß dem nicht so ist, liegt an zwei Dingen: Einmal werden Meeresfische, wie Kabeljau, Rotbarsch, Schellfisch, Seelachs und andere aus Atlantik und Pazifik stammende Fische, zum Teil preiswerter angeboten als Forelle, Karpfen, Hecht, Zander und Wels. Sodann sind Meeresfische zur Zeit noch in größerer Menge verfügbar als Süßwasserfische. Einer der Gründe hierfür ist naturgemäß die Weite der Ozeane, in denen mehr und größere Fische heranwachsen können als in den vergleichsweise von ihrer Gesamtwasserfläche her kleinen Binnengewässern. Dennoch, die Zeit scheint nicht fern, in der der prozentuale Anteil der in Deutschland, Österreich und der Schweiz verzehrten Süßwasserfische am gesamten Fischkonsum von derzeit rund 15 bis 22 Prozent kräftig steigen wird, begünstigt durch die Tatsache, daß die Bestände an Meeresfischen in den vergangenen Jahren durch riesige Fischfangflotten übernutzt wurden und die Kopfzahl der Jungfischschwärme von Jahr zu Jahr beträchtlichen Schwankungen unterliegt. Hinzu kommt die nach wie vor gegebene Verschmutzung der Meere durch Einleitungen unterschiedlichster Art, die insbesondere die im Küstenbereich liegenden Laichgründe über Jahre schädigen. Die goldenen Zeiten, in denen der Fischreichtum der Meere unerschöpflich schien, sind offensichtlich vorbei, zumal sich Meeresfische in künstlicher Aufzucht bis auf den Lachs – der eigentlich ein Süßwasserfisch ist – nicht beliebig vermehren lassen.

Anders bei den Süßwasserfischen, von denen sich verschiedene Arten, wie die Forelle, der Karpfen, der Wels, in Fischzuchtanstalten künstlich vermehren und unter menschlicher Obhut aufziehen lassen, um anschließend entweder in Seen, Talsperren, Teiche, Bäche und Flüsse ausgesetzt oder in speziellen, kommerziell betriebenen Aufwuchsanlagen

Für eine Füllung vorbereiteter Zander.

zur späteren Abgabe an den Verbraucher herangezogen zu werden. Allein in Deutschland gibt es rund 2.500 registrierte Forellen- und annähernd 5.000 registrierte Karpfenteichwirte. Die meisten von ihnen sind nebenberuflich tätig. Hinzu kommen noch rund 500 hauptberufliche Fluß- und Seenfischer. In Österreich sind es 60 Fischereibetriebe, während in der Schweiz an die 230 Personen diesen Beruf ausüben. Die von ihnen angelandeten Süßwasserfische vermögen jedoch die Nachfrage nicht zu decken, wie Zahlen aus den letzten Jahren in Deutschland belegen. Von den rund 175.000 t jährlich verzehrten Süßwasserfischen stammen rund 50.000 t aus heimischen Gewässern. Der Rest wird importiert.

Auch hier gibt es, wie bei anderen Naturprodukten, internationale Warenströme. So liefert Dänemark, in der Forellenzucht Europas Nr. 1, einen Teil seiner Forellenaufzucht nach Italien, wo die Tiere in Aufwuchsanlagen bis zum Schlachtgewicht von 250 bis 300 g heranwachsen und dann entweder lebend oder geschlachtet, ganz oder filetiert tiefgefrostet in die Nachbarstaaten exportiert werden. Obwohl Deutschland ein Karpfenland ist, reicht die Eigenproduktion zur Deckung der Nachfrage nicht aus. So werden lebende Karpfen aus osteuropäischen Staaten importiert. Welse afrikanischer, amerikanischer und kanadischer Herkunft wiederum gedeihen prächtig in durch Kühlwasser von Kernkraftwerken temperierten Aufwuchsbecken.

Neben den Berufsfischern, den haupt- und nebenberuflichen Teichwirten und dem Handel spielen die in ihrer Freizeit den Geschuppten nachstellenden Hobbyangler, früher Sportfischer, heute Angelfischer genannt, eine nicht unwesentliche Rolle bei der Versorgung mit Frischfisch. Rund zwei Millionen sind es insgesamt, die in Deutschland, Österreich und der Schweiz ihre Familien, Freunde und Bekannten mit selbst gefangenem Fisch versorgen. Schätzungen nach beträgt ihr jährliches Fangergebnis allein in Deutschland nur an Edelfischen über 1.000 t. Weitere Lieferanten von frischem Süßwasserfisch sind Tausende Inhaber kleiner Teichanlagen, in denen sie, von der Statistik nicht erfaßt, überwiegend Forellen für die eigene und die Küche von Bekannten aufziehen. Ein Hobby, das aus Freude am Genuß frischer, schmackhafter Fische betrieben wird und beim Privatverkauf von Fischen selten mehr als die Kosten für den Ankauf der Besatzfische und das Futter einbringt.

Berufsfischern, haupt- und nebenberuflichen Teichwirten, Angelfischern und privaten Teichinhabern bereitet die in den letzten Jahrzehnten dramatisch angestiegene Zahl an Kormoranen und Fischreihern zunehmend Ärger, begünstigt durch die Vielzahl der Teichanlagen und dem in diesen – gegenüber freien Gewässern – gegebenen größeren Fischreichtum. Der von Kormoranen und Fischreihern in der Fischwirtschaft täglich angerichtete Freßschaden läßt sich durch staatliche Ausgleichszahlungen an die durch die gefiederten Fischdiebe in ihrer Existenz bedrohten Berufsfischer und Teichwirte mittlerweile nicht mehr ausgleichen.

Pro Tag holt sich z.B. ein Kormoran 500 g Fisch. Bei rund 300.000 Kormoranen in Europa sind das täglich 150 t Fisch im Wert von rund einer Million Mark. Vor Jahren wegen der Gefahr des Aussterbens geschützt, plädieren inzwischen verantwortungsbewußte und mit den Zusammenhängen vertraute Ornithologen für eine den Zuwachs einschränkende Bejagung dieser Vogelarten.

Gesundheitliche Aspekte

Fische gelten bei Ernährungswissenschaftlern und Medizinern als hochwertiges Nahrungsmittel, da sie ein leicht verdauliches Eiweiß besitzen und reich an mehrfach ungesättigten Fettsäuren, fettlöslichen Vitaminen A und D und den wasserlöslichen B-Vitaminen sind. Darüber hinaus weisen sie je nach Fischart unterschiedlich hohe Mengen an Mineralstoffen und Spurenelementen, wie Natrium, Kalium, Calcium, Phosphor und Eisen, auf. Hinsichtlich der Belastung mit Schwermetallen, wie Blei, Cadmium und Quecksilber, aber auch mit organischen Rückständen können Süßwasserfische unbedenklich verzehrt werden – vorausgesetzt, sie stammen nicht aus mit Schwermetallen und organischen Rückständen stark belasteten Gewässern. Daß Fische aus solchen Gewässern weder in den Handel kommen noch von Angelfischern gefangen werden, dafür sorgen regelmäßige Wasserproben, die beim Erreichen von bestimmten Höchstgrenzen automatisch zum Fischfangverbot bzw. zum Verbot der Vermarktung führen.

Amerikanischer Wels.

Angebot im Handel

In Fischfachgeschäften, zu denen auch die Frischfischabteilungen großer Warenhäuser zu zählen sind, und bei den Fischhändlern auf Wochenmärkten sind Lachse und Forellen als die am meisten nachgefragten Süßwasserfische ganzjährig im Angebot. Gegenüber den Offerten auf den Wochenmärkten bieten Fischfachgeschäfte vielfach den Vorteil, daß sich der Kunde seine Forelle lebend in einem Bassin aussuchen kann und sie ihm frisch geschlachtet und ausgeweidet ausgehändigt wird. Schon seltener und meist saisonal im

Räucheraal – immer eine Delikatesse!

Angebot sind Bach- und Seesaibling, Zander und Wels. Praktisch nur auf Vorbestellung werden vom Handel in der Fangsaison Hechte und Flußbarsche und frischer (grüner) Aal geliefert. Er bezieht sie von Verkaufsorganisationen der Berufsfischer entweder frisch auf Eis oder tiefgefrostet. Vorgekocht, auf Eis gekühlt, meist jedoch tiefgefroren werden auch Bach- und Flußkrebse, fast ausschließlich ausländischer Herkunft (Türkei, Rußland, China, Kanada u.a.), geliefert. Ein preislich nicht gerade billiger Gaumenschmaus. In den Herbst- und Wintermonaten ebenfalls frisch im Angebot des Handels sind Karpfen und Schlei. Ersterer ein traditionell besonders um die Weihnachtszeit nachgefragter, überaus wohlschmeckender Fisch. Da sich Karpfen und Schlei gut hältern lassen, kann sich der Kunde, wie bei der Forelle, seinen Fisch meist lebend aussuchen und ihn wenige Minuten später geschlachtet und ausgeweidet nach Hause tragen. Beliefert werden Fischfachgeschäfte und Fischhändler auf dem Wochenmarkt durch auf Süßwasserfische spezialisierte Großhändler.

Sonstige Lieferanten

Eine gute Einkaufsquelle für frische Forellen, hin und wieder auch Saiblinge, Karpfen, Schleien, Aale, Barsche sowie verschiedene Weißfischarten sind die zuvor schon erwähnten Berufsfischer, Teichwirte und einen kleinen Teich besitzende Privatpersonen; letztere oft im Umkreis weniger Kilometer vom eigenen Wohnort zu finden. Ihre Anschrift ist meist im nächsten Angelfachgeschäft oder beim Vorstand des örtlichen Angelvereins zu erfahren. Der Einkauf bei ihnen ist, zumindest, was die Edelfische anbetrifft, kaum günstiger als im Fischfachgeschäft, gewährleistet jedoch absolut frische Ware. Ein Vorteil, der eine Anfahrt von einigen Kilometern durchaus lohnt, zumal wenn im eigenen Ort kein entsprechendes Fachgeschäft vorhanden ist.

Qualitätsmerkmale

Schlachtfrischer Süßwasserfisch ist an der hell- bis mittelroten Farbe seiner Kiemen, einer glatten, feucht glänzenden Schuppenhaut und hellen, klaren Augen zu erkennen. Außerdem riecht er nicht intensiv fischig, und sein Fleisch federt nach Daumendruck zurück. Fehlen beim Fisch die Kiemen, was in jüngerer Zeit immer häufiger der Fall ist, da die Berufsfischer sie beim Ausweiden der Fische gleich mit herausreißen, dann ist den übrigen Frischekriterien besondere Aufmerksamkeit zu widmen. Die Geruchsprobe in die Bauchhöhle vermag da zusätzliche Informationen zu geben.

Mitentscheidend für die Qualität des Fischfleisches ist neben dem sofortigen Ausweiden nach dem Fang eine nachfolgende ausreichende Kühlung. Erfolgt das Ausweiden zeitlich verzögert, dann werden Magen- und Darmhaut durch Einwirkung von Enzymen durchlässig, und die in Magen und Darm enthaltenen Erreger wandern in das Fischfleisch ein. Hier vermehren sie sich nicht nur, sondern wirken auch zersetzend. Die Folge: Das Fleisch verdirbt, erkennbar am penetranten, unangenehmen Fischgeruch und verlorener Elastizität des Fleisches.

Wie das Fleisch von Säugetieren und Vögeln (Warmblüter), durchläuft auch das Fleisch von Fischen (Kaltblüter) einen Reifeprozeß. Äußerlich erkennbar an der Totenstarre, die sich nach kurzer Zeit (2–4 Stunden) wieder auflöst. Durch den Reifeprozeß entwickelt sich das feine fischeigene Aroma, das einem zu schnell in Topf oder Pfanne gegebenen Fisch fehlt. Verfärbungen der Schuppenhaut, die sich in großflächigen Aufhellungen meist auf jener Seite zeigen, auf der die Fische gelegen haben, stellen hingegen kein Merkmal für mangelnde Frische dar, sondern sind lediglich das Ergebnis nicht gegebener Sauerstoffzufuhr. Werden die Fische umgedreht, verschwinden die Aufhellungen nach einigen Minuten.

Tiefkühlware

Hier ist das Angebot, was die Artenvielfalt an Süßwasserfischen anbetrifft, bescheiden. Überwiegend sind es Forelle und Lachs, die als Tiefkühlware angeboten werden. Ein besonderes Kriterium stellt bei ihr das angegebene Haltbarkeitsdatum dar. Während sich die Forelle aufgrund ihres geringen Fettanteiles (2,5–3,5 Prozent) vakuumverpackt bis zu 12 Monaten in der Tiefkühlung (permanent unter –18° C) aufbewahren läßt, ist dies beim Lachs anders. Aus Aquakulturen stammender, mit Fertigfutter aufgezogener Lachs, der einen meist höheren Fettanteil (ca. 14–15 Prozent) als ein Wildlachs (6–8 Prozent) aufweist, kann schon nach vier Wochen Tieffrostung im Fett ranzig werden. Hingegen kann frisch eingefrosteter Wildlachs mehrere Monate (bis zu einem Jahr!) in der Tiefkühlung verbleiben, ohne daß er eine geschmackliche Veränderung erfährt. Gefrosteter Fisch taut relativ rasch auf und sollte anschließend sofort verarbeitet werden, da bereits während des Auftauvorganges im Oberflächenbereich enzymatische Prozesse einsetzen, die bei zu langer Aufbewahrung im aufgetauten Zustand zur Verderbnis des Fleisches führen.

Räucherfisch

Viele Süßwasserfische eignen sich vorzüglich zum Räuchern. Als geradezu klassisch gelten geräucherte Forellen bzw. deren Filets. Die saftigsten und aromatischsten Filets liefern Forellen, deren Gewicht im Rohzustand über 400 g und damit um rund 100 bis 150 g über der normalen Portionsforelle liegt. Der Grund: Ihr Fleisch trocknet während des Räucherns nicht so rasch aus. Außerdem weisen sie einen höheren, die Saftigkeit bestimmenden Fettanteil auf. Stets einen besonderen Genuß bietet geräucherter Aal, besonders, wenn er tagfrisch ist. Im Handel angebotene Räucheraale sind hingegen meist mehrere Tage alt. Sie werden zwar für den Versand vakuumverpackt, damit ihre Haut und das Fleisch nicht austrocknen und sie dadurch salziger schmecken, doch ist spätestens nach acht Tagen auch hier ein deutlicher Geschmacksunterschied gegenüber frisch geräuchertem Aal feststellbar. Einmal angeschnitten, sollte Räucheraal innerhalb von zwei Tagen verzehrt werden. Dies dürfte jedoch Genießern dieser Aalzubereitung keine Probleme bereiten.

Aus Weißfischfilets werden „Rollmöpse".

Immer öfter wird auch geräucherter Karpfen angeboten, von Haus aus eine Köstlichkeit, sofern er nicht übersalzen ist – etwas, das leider öfter vorkommt, da diese Fische meistens in einer gleichartigen Pökellake wie für Forellen eingelegt und ebensolange darin belassen werden. Übersehen wird von den Räuchereien dabei, daß das gegenüber Forellen anders strukturierte Karpfenfleisch das Salz aus der Lake stärker bindet. Hinzu kommt, daß zum Räuchern meist Karpfen verwendet werden, die frisch selten schwerer als 1,5 kg wiegen. Schwerere Karpfen (2,5–3 kg) hingegen sind geräuchert aromatischer und milder im Geschmack. Vorzüglich schmecken auch geräucherte Brassen, Schleien, Barsche, Rotaugen, Rotfedern und Döbel. Letztere sind meist nur auf Bestellung beim Berufsfischer oder Teichwirt erhältlich. Für alle Räucherfische gilt: Je frischer, desto besser!

> **Hinweis:**
> Weitere Informationen finden sich bei den Kapiteln über die einzelnen Fischarten und im Kapitel „Wissenswertes in der Fischküche".

Salmoniden – Lachs, Forelle und Anverwandte

Eine artenreiche, zu den Raubfischen zählende Familie, deren gemeinsames Kennzeichen die sich zwischen der Rücken- und der Schwanzflosse befindende kleine Fettflosse ist. Zu den größten unter den Salmoniden zählen die **Lachse,** die, im Süßwasser geschlüpft, im zweiten Frühjahr ihres Lebens ins Meer wandern und dort aufwachsen. Laichreif kehren sie nach ein bis drei Jahren in ihre Geburtsbäche zurück, um in deren Oberlauf zu laichen. Von der Rückwanderung, während der sie keine Nahrung zu sich nehmen, und dem Laichen erschöpft, verenden die meisten anschließend. Nur wenigen gelingt es, ein zweites oder gar drittes Mal ins Meer zurückzukehren und sich später wieder am Laichzug zu beteiligen. Von den während des Laichzuges gefangenen Lachsen werden der Rogen (Eier), bis zu 40.000 Eier pro Fisch, und die Milch (Sperma) abgestreift, miteinander vermischt und die daraus schlüpfenden Junglachse künstlich aufgezogen. Später kommen sie in Aquakulturen – große, an der nordeuropäischen Atlantikküste im Meer verankerte, mit Netzen umgebene Behältnisse, in denen sie durch Fütterung auf ein Schlachtgewicht von 4–5 kg herangezogen werden. Wildlachse vermögen Gewichte bis 45 kg und Längen bis zu 150 cm zu erreichen.

Neben dem **atlantischen Lachs** *(Salmo salar L.)* gibt es den **pazifischen Lachs** *(Oncorhynchus)*, der an der Westküste und in den Flüssen Nordamerikas gefangen wird. Er gliedert sich in fünf Arten, von denen der **Chinook-** bzw. **King-Lachs** *(Oncorhynchus tschawitscha)* der größte ist. Er kann bis zu 150 cm lang und über 50 kg schwer werden. Bis zu 15 kg schwer wird der **Coho-Lachs** *(Oncorhynchus kisutch)*, auch Silberlachs genannt. Ihm folgen der **Chum-** bzw. **Keta-Lachs** *(Oncorhynchus keta)* mit Gewichten bis 8,5 kg, der **Pink-** oder **Buckel-Lachs** *(Oncorhynchus gorbuscha)* mit bis zu 5 kg und der **Sockeye-**

Abweichende regionale Namen, Laichzeiten, Fangzeiten

Lachs
Grilse, Laß, Last, Salm, Salmen, Sälmling (Junglachs im Süßwasser)

Laichzeit:
Oktober bis Januar (atlantischer Lachs)
Juli bis Oktober (pazifischer Lachs)

Fangzeit (regional zum Teil abweichend):
April bis August und während des Laichzuges.

Huchen
Huch, Hücherl, Heuch, Donaulachs, Rotfisch, Rothuchen

Laichzeit:
März bis Mai

Fangzeit (regional zum Teil abweichend):
Oktober bis Februar

Bachforelle
Fore, Ferchen, Fluß-, Berg-, Alpen-, Wald-, Gold-, Weiß-, Schwarz-, Steinforelle

Laichzeit:
Oktober bis Januar

Fangzeit (regional zum Teil abweichend):
März bis Oktober

Atlantischer Lachs, der bei uns überwiegend angeboten wird und fast ausschließlich aus nordeuropäischen Aquakulturen stammt.

Regenbogenforelle
Purpurforelle, Stahlkopf,
Teichlachs, Regenbogner

Laichzeit (je nach Art):
Dezember bis Januar
Februar bis März
April bis Mai

Fangzeit (regional zum Teil abweichend):
April bis Dezember

Seeforelle
Lachs-, Grund-, Mai-, Schwebforelle, See-, Herbst-, Silberlachs, Förche, Ferchen, Lachsförche, Rheinlanke, Illanke, Zahl- oder Saalfisch

Laichzeit:
Oktober bis Dezember

Fangzeit (regional zum Teil abweichend):
März bis September

Bachsaibling

Laichzeit:
Oktober bis März

Fangzeit (regional zum Teil abweichend):
April bis Oktober

Seesaibling
Ritter, Rötel, Röteli, Rotforelle, Rotfisch, Salbling, Schwarzreiter, Schwarzreuter, Schwarzrötel, Wildfangsaibling

Lachs (Oncorhynchus nerka), der es auf bis zu 3 kg Lebendgewicht bringt und der einzige Lachs ist, der nicht ins Meer wandert. Die Aussage, der atlantische Lachs sei vom Fleisch und Geschmack wertvoller und besser als der pazifische, entspricht nicht den Tatsachen. Zwar wird auch in Amerika und Kanada wie in Europa ein Großteil der Lachse künstlich aufgezogen, doch entläßt man die Jungfische, bis auf wenige Ausnahmen, ins Meer. Sie wachsen damit natürlich und ohne Zusatzfutter auf und werden erst bei der Rückkehr zu den Flußmündungen mit Netzen gefangen. Ihr Fleisch ist fester und aromatischer als das der Aquakultur-Lachse atlantischer Herkunft, die fast ausschließlich heute bei uns angeboten werden.

Der Lachsfamilie zugehörend, vereinzelt Gewichte bis zu 50 kg und Längen bis zu 200 cm erreichend, ist der **Huchen** (Hucho hucho L.), als dessen Urheimat der Stille Ozean angesehen wird. Von dort in die großen Ströme eingewandert und hier verblieben, drohte er lange Zeit durch Verschmutzung und Verbauung der Flüsse und Laichbäche auszusterben. Außer in der Donau und ihren Nebenflüssen kommt er auch in einigen Flüssen Polens (u.a. obere Weichsel) vor. Erfolgreiche Einbürgerungen des Huchens gab es in der Schweiz, in Frankreich und in Marokko.

Von den beiden bei uns bekannten Forellenarten ist die **Regenbogenforelle** (Oncorhynchus mykiss WALBAUM) die am häufigsten vorkommende Art, da sie sich am leichtesten züchten und gut in Teichanlagen aufziehen läßt. Aus europäischer Sicht an sich ein Fremdling, da sie erst Ende des vergangenen Jahrhunderts (um 1884) aus Nordamerika eingebürgert wurde. Ihr Fleisch ist weicher und fettreicher als das der von Gourmets besonders geschätzten heimischen **Bachforelle** (Salmo trutta fario L.), die sich durch rote Punkte auf den Seiten optisch eindeutig von der dunkle Punkte und einen mehr oder minder stark ausgeprägten roten bis regenbogenfarbigen Seitenstrich aufweisenden Regenbogenforelle unterscheidet. Je nach Vorkommen und Standort werden drei Formen der Regenbogenforelle unterschieden: die aus dem Süßwasser ins Meer abwandernde **Steelhead-Forelle,** die **Rainbow-Forelle** und die **Purpurforelle** (alle: Oncorhynchus mykiss WALBAUM). Bei uns existieren heute nur noch Mischformen der drei Arten. Regenbogen- wie Bachforellen können bis zu 150 cm lang und bis zu 20 kg

Regenbogenforelle, die häufigste bei uns erhältliche, meist in Teichen innerhalb weniger Monate auf Schlachtgewicht herangezogene Forellenart.

schwer werden. Nah verwandt mit der Bachforelle ist die **Seeforelle** *(Salmo trutta forma lacustris L.)*, die vor allem in tiefen Alpenseen und in Skandinavien vorkommt. Sie kann bis zu 140 cm Länge und Gewichte von über 30 kg erreichen. Die sogenannte „Lachsforelle", benannt wegen ihres rosafarbenen bis hellroten Fleisches, ist nichts anderes als eine Regenbogenforelle, deren von Haus aus weißes Fleisch durch Aufnahme von Bachflohkrebsen, von gleichartigen Meerwasserkrebsen (Lachs!) oder von mit Karotin versetztem Futter „eingefärbt" wurde. Regenbogenforellen, die über die übliche Portionsgröße hinausgewachsen sind, werden von den Forellenwirten durch entsprechende Futtergaben zur Lachsforelle gewandelt und entsprechend teuer verkauft – ein Effekt, der sich auch bei anderen Salmoniden erzielen läßt.

Ebenfalls ein Import aus Amerika ist der **Bachsaibling** *(Salvelinus fontinalis MITCH.)*. Er kam zeitgleich mit der Regenbogenforelle in unsere Gewässer. Mischformen zwischen Bachsaibling und Bachforelle kommen immer wieder vor, sind allerdings unfruchtbar. Bachsaiblinge können bis 60 cm lang und bis 5 kg schwer werden. Ein heimischer Fisch ist hingegen der **Seesaibling** *(Salvelinus alpinus L.)*, dessen Heimat kalte, tiefe und sauerstoffreiche Bergseen sind. Während der normale Seesaibling selten schwerer als 1 kg wird, vermag der schnellwüchsige **Wildfangsaibling** (Abart) Längen von über 80 cm und Gewichte bis zu 10 kg zu erreichen. Von den Forellen lassen sich Saiblinge durch den hellen Vorderrand an ihren Bauchflossen unterscheiden.

Zur Gruppe der Fettflossenträger zählen ferner die **Äschen** *(Thymallus thymallus L.)*, eine zwischen Forellen und **Felchen / Renken** *(Coregonus spec.)* angesiedelte Fischart mit Gewichten bis zu 2 kg, in Einzelfällen auch mehr. Während die Äsche in ruhig fließenden, klaren Bächen und Flüssen vorkommt, leben die Felchen in Bergseen (z.B. auch im Bodensee). Zu nennen sind noch der Vollständigkeit halber die den *Coregonen* zugehörenden **Maränen**: Kleine Maräne *(Coregonus albula)* und Große Maräne *(Coregonus pitschian fera)*. Erstere wird ca. 200 g, letztere bis zu 5 kg schwer.

Laichzeit:
Oktober bis Januar

Fangzeit (regional zum Teil abweichend):
März bis September

Felchen
Renken, kleine Maräne, große Maräne, Kilch, Bodenrenke, Schwebrenke, Kropfelchen, Kröpfling, Silberfelchen

Laichzeit (je nach Gewässer abweichend):
Juni bis Juli (Ammersee)
September bis Oktober (Bodensee)

Fangzeit (regional zum Teil abweichend):
Oktober bis Januar
März bis Mai

Bachsaibling, von der Bachforelle durch weiß-schwarzen Flossenrand und oftmals rote Bauchhaut unterscheidbar.

Die Bachforelle unterscheidet sich von der Regenbogenforelle durch rote Punkte und vom Bachsaibling durch normal gefärbte Flossen.

Forelle ausnehmen und rund binden

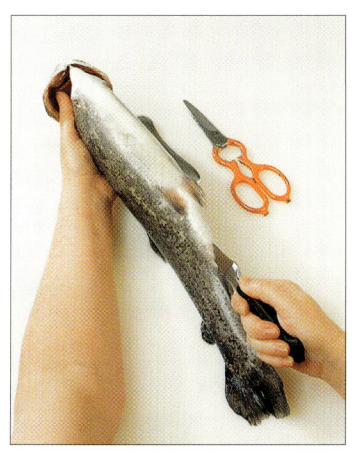

1. Ausweiden durch Bauchschnitt: Am After aufschneiden.

2. Mit der Küchenschere Bauchhöhle bis zu den Kiemen eröffnen.

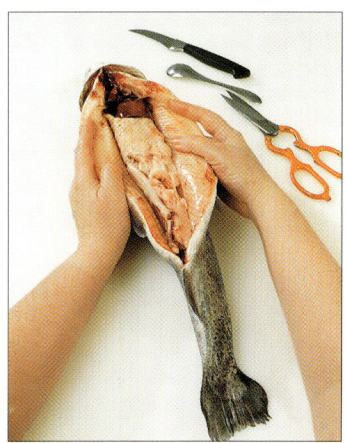

3. Bauchlappen bis zu den Kiemen auseinanderspreizen.

4. Darm am After lösen, mit Magen, Leber, Herz herausheben.

5. Unter dem Rückgrat liegende Niere mit Messer aufschneiden.

6. Mit einem Kaffeelöffel die Niere zum Schwanz hin auskratzen.

7. Forelle binden: Schnur mit Nadel am Schwanz durchziehen.

8. Mit durch Kieme und Maul gezogenem Schnurende binden.

9. Fisch in Lochsieb setzen, mit warmem Essigwasser blauen.

Forelle durch den Rücken ausnehmen und füllen

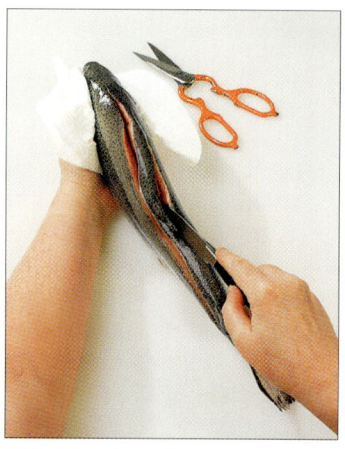

1. Vom Kopf zum Schwanz neben der Rückenflosse einschneiden.

2. An Rücken- und Bauchgräte beidseitig das Fleisch ablösen.

3. Rückengräte am Schwanz mit der Schere voll durchschneiden.

4. Rückengräte am Kopf mit der Schere voll durchschneiden.

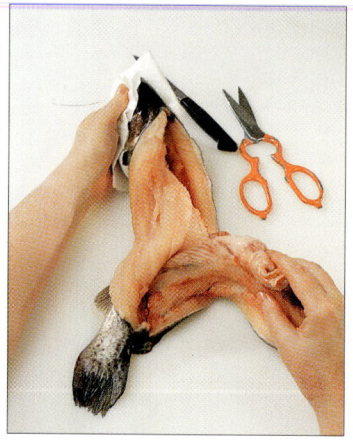

5. Rückengräte vorne fassen und mit Eingeweide herausziehen.

6. Vom Rücken ausgenommener Fisch, daneben Gräten und Eingeweide.

7. Vorbereitete Füllung in den Fisch geben und verteilen.

8. Rücken mit Holzzahnstochern und Schnur schließen.

9. Fisch zum Garen im Wasserbad in Alufolie fest einschlagen.

Forelle durch die Kiemen ausnehmen

1. Kiemen beidseitig so umschneiden, daß der Schlund dranbleibt.

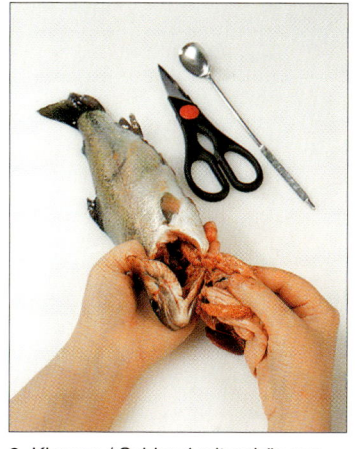

2. Kiemen / Schlund mit anhängenden Innereien herausziehen.

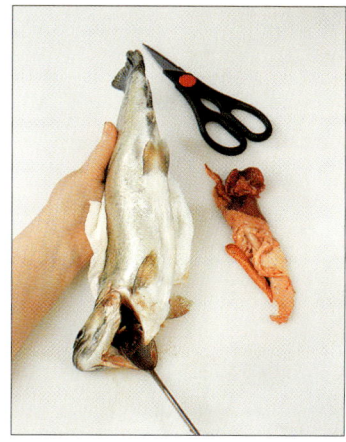

3. Mit langem Löffel Niere unter dem Rückgrat herauskratzen.

4. Mit Löffelstiel durch Afteröffnung Enddarm herausziehen.

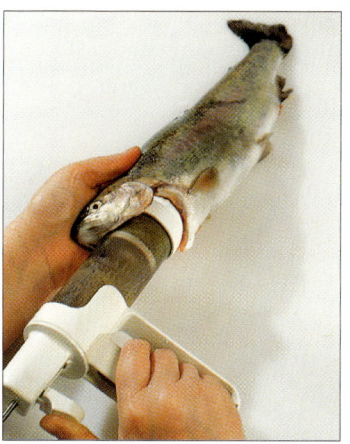

5. Von Kopfseite Fisch über Gebäckspritze mit Farce füllen.

6. Fisch pfeffern und salzen, in Mehl wenden, braten.

Hinweise:
Die auf den Seiten zuvor gezeigten Möglichkeiten, einen Fisch auszuweiden und ihn für die Küche herzurichten, ermöglichen es, ihn in unterschiedlichster Art zu füllen und zu servieren. Fische, die, wie gezeigt, für z.B. „Forelle oder Schleie blau" rund gebunden werden sollen, müssen absolut frisch und noch nicht steif geworden sein oder die Totenstarre bereits hinter sich haben. Steif gewordene Fische würden beim Binden im Rücken platzen. Tritt dagegen die Totenstarre erst nach dem Binden ein, hält der Fisch auch nach dem Kochen seine Form.
Beim Entgräten und Ausweiden durch den Rücken muß das Fleisch in langen Schnitten entlang der Gräten zum Bauch hin abgelöst werden. Dabei ist darauf zu achten, daß die Bauchhaut nicht durchschnitten wird. Beim Herausziehen des Gerippes mit den von ihm umschlossenen Eingeweiden löst man den vorderen Teil mit den Fingern vorsichtig von der Unterseite, damit beim Herausziehen die Gallenblase nicht aufplatzt. Zum Durchstecken der Holzzahnstocher Löcher mit einer Spicknadel vorstechen.
Das Ausweiden des Fisches von vorne erfordert ein wenig Geschick, ist aber einfacher, als man glaubt. Wichtig ist, daß mit dem langen Löffel (Barlöffel) innen alles gut ausgekratzt wird. Das letzte Stück Enddarm läßt sich durch leichten Druck des Löffelstiels gegen die Bauchseite nach hinten heraustülpen und wird abgeschnitten. Anschließend wird der Fisch ausgespült.

Lachs küchenfertig machen

1. Fisch am Schwanz fassen und zum Kopf hin schuppen.

2. Mit Küchenschere Rücken- und Bauchflossen abschneiden.

3. Fisch hinter den Kiemen bis zum Rückgrat einschneiden.

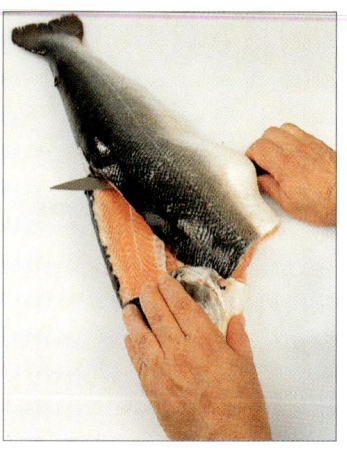

4. Am Rückgrat zum Schwanz hin den Fisch filetieren.

5. Die abgelösten Filets, in der Mitte Fischkarkasse (Fischreste).

6. An den Filets verbliebene Grätenreste ablösen.

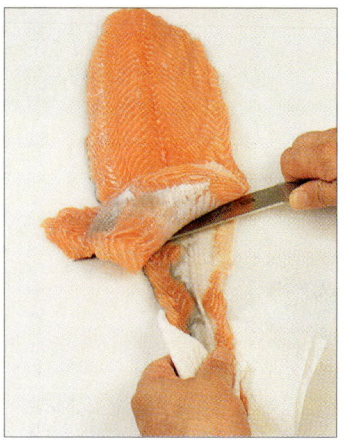

7. Haut anlösen und fassen, gegen das Messer abziehen.

8. Fischreste zur Gewinnung von Mus und Brühe.

9. Fleisch mit Löffel von der Mittelgräte abschaben.

Lachs küchenfertig machen

10. Lachsfleisch mit Ei und Sahne im Mixgerät pürieren.

11. Fleischmus pfeffern, salzen, durch Passiersieb drehen.

12. Fischkarkassen mittels Geflügelschere zerkleinern.

13. Karkassen mit Wasser klarspülen, Wurzelgemüse putzen.

14. Im Bräter Fischreste mit Wein und Gemüse auskochen.

15. Brühe durch ein Tuch gießen, entfetten und aufteilen.

1. **Graved Lachs:** Aus ungehäuteter Seite Gräten ziehen.

2. Cognac aufträufeln, Zucker, Salz, Dill, Pfeffer darübergeben.

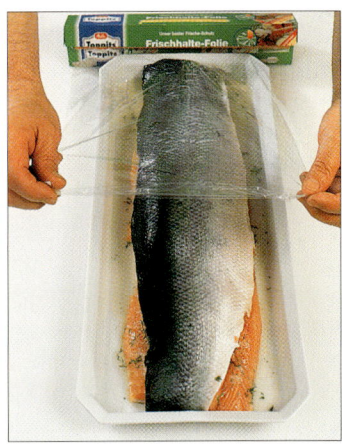
3. Filets um 180 Grad gedreht aufeinanderlegen, abdecken.

Mit Lachs-Gemüse-Ragout gefüllte Zucchini

Zutaten für 4 Personen:
400 g Lachs am Stück • 4 mittelgroße Zucchini (ca. 250 g) • 40 ml Zitronensaft • 1 Schalotte • je 1 roter, gelber, grüner Paprika • 30 g Butter • 1 Becher Crème fraîche (200 g) • Pfeffer aus der Mühle • Salz. <u>Sauce:</u> *200 ml Sahne • 200 ml Lachsfond (ersatzweise Hühnerbrühe) • 1 EL feingeschnittene Petersilie • 20 ml Zitronensaft • frisch gemahlener Pfeffer • Salz.*

Beilage: Reis.

Nährwert pro Portion: ca. 740 kcal = ca. 3.080 kJ.

Hilfsmittel: Löffel, Schüsseln, großer Kochtopf, feuerfeste Platte, Gebäckspritze, Stieltopf, Stabmixer, Haarsieb.

Zubereitung:
Lachs in Würfel schneiden, zur Seite stellen. Zucchini der Länge nach halbieren und mit einem Löffel aushöhlen. Hartes Mark in Würfel schneiden, in eine Schüssel geben. Weiches Mark beiseite stellen. Zucchini innen mit Zitronensaft beträufeln, 5 Min. einwirken lassen, in kochendem Wasser 2 Min. vorgaren, kalt abbrausen. Paprika schälen, in Würfel schneiden, zu den gewürfelten Zucchini geben. Schalotte fein schneiden. Im Kochtopf die Butter erhitzen, Schalotte glasig andünsten. Gewürfelte Zucchini und Paprika zufügen, pfeffern und salzen. 2–3 Min. garen, Topf in kaltes Wasser setzen, abkühlen lassen. Backofen auf 180° C vorheizen. Lachswürfel unter das Gemüse heben. Zucchini auf Platte setzen, mit Lachs-Gemüse-Ragout füllen. Auf jede Zucchini mit der Gebäckspritze Streifen Crème fraîche aufspritzen, mit Pfeffer übermahlen, salzen. Platte auf den Ofenrost setzen, auf mittlerer Schiene im Ofen garen.

Zubereitungszeit: ca. 60 Min. **Garzeiten:** Gemüse: 2–3 Min. Gefüllte Zucchini: 15 Min.

Sauce: Im Stieltopf Sahne erhitzen, Lachsfond zugießen, weiches Zucchinimark zugeben, aufkochen, mit dem Stabmixer pürieren, auf die Hälfte einkochen. Sauce durch Haarsieb streichen, mit Pfeffer, Salz und Zitronensaft abschmecken. Zum Schluß Petersilie zugeben.

Gegrillte Lachsschnitte mit Kräuter-Sahne-Sauce (Foto vorige Seite)

Zutaten für 4 Personen:
4 Lachsschnitten à 150 g • 1 EL Speiseöl • frisch gemahlener Pfeffer • Salz. Sauce: 250 ml Lachsfond (ersatzweise Hühnerbrühe) • 200 ml Sahne • 2 Eigelb • 1 EL gehackter Dill • 2 EL in Streifen geschnittenes Basilikum • Pfeffer aus der Mühle • Salz • Wein oder Zitronensaft.

Beilagen: Spaghetti, mit Weinessig und Olivenöl angemachter Salat.

Nährwert pro Portion: ca. 600 kcal = ca. 2.500 kJ.

Hilfsmittel: Grillpfanne, Fettpinsel, Stieltopf, kleine Schüssel.

Zubereitungszeit: ca. 45 Min. **Garzeit:** Fisch: ca. 4 Min.

Zubereitung:
In 2 EL Sahne Eigelb zerschlagen. Restliche Sahne erhitzen. Lachsfond zugießen und auf die Hälfte einkochen. Vom Feuer nehmen, mit Eigelb binden. Mit Pfeffer, Salz, Wein oder Zitronensaft abschmecken. Dill und Basilikum zufügen. Sauce warm halten. Lachsschnitten beidseitig pfeffern und salzen. Grillpfanne erhitzen, mit Öl einpinseln. Lachsschnitten von beiden Seiten grillen. Mit der Sauce und den Beilagen servieren.

Tip:
Zum Einkochen der Sauce den Topf soweit von der Feuerstelle ziehen, daß nur der halbe Boden erhitzt wird. Dies verhindert ein Überkochen der Sauce.

Hinweis:
Steht keine Grillpfanne zur Verfügung, Lachsscheiben in Öl braten.

Sauerkraut-Pizza mit Lachsscheiben

Zutaten für 4 Personen:
200 g in Scheiben geschnittener, frischer oder gebeizter Lachs • 200 g Sauerkraut • 2 Schalotten • 150 g Edelpilze (Champignons, Steinpilze, Maronen) • 50 g gefüllte Oliven • rote und grüne Peperoni aus dem Glas • Pfeffer aus der Mühle • 1 Becher Crème fraîche • 100 g gehobelter Käse (Parmesan, Emmentaler, Mozarella oder Raclette). Teig (berechnet auf eine Blechgröße von 30 x 35 cm): 300 g Weizenvollkornmehl • 200 ml lauwarmes Wasser • 1 Päckchen Hefe (42 g) • 30 ml Olivenöl • 1 Ei • 1 TL Salz • etwas Zucker.

Nährwert pro Portion: ca. 650 kcal = ca. 2.700 kJ.

Hilfsmittel: Küchenplatte, Haarsieb, Stieltopf, 2 Tassen, Teigroller (Nudelholz), Backblech, Backpapier.

Zubereitungszeit: ca. 90 Min. **Garzeit:** ca. 15–20 Min.

Zubereitung:
Das Sauerkraut im Sieb ausdrücken. Schalotten klein schneiden, mit dem Sauerkraut mischen. Pilze putzen, in Scheiben schneiden. Oliven in Scheiben, Peperoni in Stücke schneiden. Im Stieltopf Butter erhitzen, darin Pilze andünsten.

Mehl auf eine Platte sieben, Mulde eindrücken. In einer Tasse Hefe zerbröseln, mit warmem Wasser und Zucker mischen, in die Mehlmulde geben. Mit Mehl bestäuben. Ei, Olivenöl und Salz in einer Tasse mischen. Wenn das Mehl Risse zeigt, Mischung zugeben. Alles zu einem Teig verarbeiten, ca. 20 Min. ruhen lassen, nochmals durchkneten, dünn ausrollen. Backblech mit Backpapier auslegen. Backofen auf 220° C vorheizen.

Pizzateig auf dem Blech auslegen. Crème fraîche pfeffern, salzen und löffelweise auf dem Teig verstreichen. Zuerst Sauerkraut, dann Lachsscheiben, Pilze, Oliven, Peperoni und Käse darauf verteilen. Pizza auf der Mittelschiene des Backofens backen.

Tip:
Statt den Pizzateig selbst herzustellen, kann auch ein Fertigprodukt eingesetzt werden.

Lachskotelett mit Tomatensauce

Zutaten für 4 Personen:
4 Lachskoteletts (à ca. 170 g) • 4 mittelgroße Tomaten • 30 g Butter • 1 kleine feingehackte Zwiebel • 50 ml Weißwein • 100 ml Lachsfond (ersatzweise Hühnerbrühe) • 200 ml Sahne • Pfeffer aus der Mühle • Salz.

Beilagen: Pellkartoffeln, Zuckererbsen.

Nährwert pro Portion: ca. 580 kcal = ca. 2.400 kJ.

Hilfsmittel: Schüsseln, Bräter mit Siebeinsatz, Stieltopf, Haarsieb, Stabmixer.

Zubereitungszeit: ca. 45 Min. **Garzeit:** Fisch: ca. 5 Min.

Zubereitung:
Tomaten in heißem Wasser kurz abbrühen, häuten, entkernen und in Würfel schneiden. Tomatenhäute und -kerne beiseite stellen. Im Stieltopf Butter erhitzen, feingehackte Zwiebel zugeben, andünsten. Tomatenreste zufügen, Wein angießen, aufkochen, Lachsfond zugeben. 2 Min. kochen, durch Haarsieb gießen, Sud in Schüssel auffangen. Sahne im Stieltopf erhitzen, Sud zugießen, Hälfte der Tomatenwürfel zufügen, mit Stabmixer pürieren. Sauce cremig-dickflüssig einkochen, mit Pfeffer und Salz abschmecken. Vor dem Servieren die restlichen Tomatenwürfel in die Sauce geben.

Im Bräter etwas Wasser erhitzen, Lachskoteletts auf Siebeinsatz legen, Oberseite pfeffern und salzen. Sieb in den Bräter setzen, mit dem Deckel schließen. Lachsstücke bei mittlerer Hitze garziehen lassen. Mit der Sauce und den Beilagen servieren.

Gefüllte Forelle in Folie

(Siehe auch Foto vorige Seite)

Zutaten für 4 Personen:
2 frische, unausgeweidete Forellen (à ca. 650 g) oder 4 Forellen (à ca. 300 g) • 100 ml trockener Weißwein (Riesling) • 200 g Wirsing (z.B. Sommerwirsing) • 50 g Frühstücksspeck • 1 TL Kümmel • 1 EL Schnittlauchröllchen • 4 EL Crème fraîche (Schmand, saure Sahne) • Pfeffer aus der Mühle • Salz.

Beilagen: Speckkartoffeln, Salat.

Nährwert pro Portion: ca. 410 kcal = 1.700 kJ.

Hilfsmittel: Stieltopf, Schüssel, Bräter, Holzzahnstocher, Küchengarn, Alufolie.

Zubereitungszeit: ca. 70 Min. **Garzeiten:** Fisch: 12 Min. Gemüse: 3–4 Min.

Zubereitung:
Forellen durch den Rücken ausnehmen (s. S. 16). Wirsing in feine Streifen, Frühstücksspeck in Würfel schneiden. Im Stieltopf Wein erhitzen, Wirsing zugeben und garen. Zwischendurch mehrfach durchmischen. Nach ca. 2 Min. den Frühstücksspeck zufügen. Wirsing in eine Schüssel geben, pfeffern und salzen. Kümmel und Schnittlauchröllchen zugeben, alles durchmischen. Forellen innen pfeffern und salzen. 1 TL Wein hineingießen, mit dem Wirsing füllen. 1 EL Crème fraîche auf die Füllung geben. Forellen mit Zahnstochern und Küchengarn schließen, in mit Wasser angefeuchtete Alufolie einwickeln. Bräter ca. 3 cm hoch mit Wasser füllen, erhitzen. Forellen in den Bräter setzen und bei geschlossenem Deckel garen. Herausnehmen und in der Folie 3 Min. ruhen lassen. Forellen aus der Folie nehmen, Kopf und Haut entfernen, der Länge nach halbieren und mit der Füllung auf dem Teller anrichten.

Hinweis:
Wenn nur ausgeweidete Forellen verfügbar sind, diese von der Bauchseite her entgräten (s. S. 15) und von unten füllen. Nach dem Füllen mit Zahnstochern und Küchengarn schließen. Anschließend in Alufolie einschlagen.

Tip:
Da die Forellenhaut mit den Zahnstochern schwer zu durchstoßen ist, die Löcher mit Spick- oder dicker Stopfnadel vorstechen.

Mit Kräuterfarce gefüllte Forelle

Zutaten für 4 Personen:
4 unausgeweidete Forellen (à ca. 350 g) • 100 g entrindetes Weißbrot • 50 ml Sahne • 2 Eier • 4 EL gehackte Kräuter (Petersilie, Dill, Schnittlauch, Kerbel, Estragon, Zitronenmelisse) • Pfeffer aus der Mühle • Salz • Mehl • 80 g Butterschmalz.

Beilagen: Zerlassene Butter, Pellkartoffeln, Salat.

Nährwert pro Portion: ca. 480 kcal = ca. 2.000 kJ.

Hilfsmittel: Barlöffel, Küchenmaschine mit Mixmesser, Gebäckspritze mit langer Tülle, Bratpfanne, Backpapier, Backblech.

Zubereitungszeit: ca. 60 Min. **Garzeit:** Fisch: ca. 15 Min.

Zubereitung:
Die Forellen vom Kopf her ausnehmen (s. S. 17). Das Weißbrot im Mixer zerkleinern, Sahne, Eier, gehackte Kräuter zugeben, pfeffern und salzen. Alles durchmixen. Masse in die Gebäckspritze füllen und die Forellen vom Kopf her füllen. Durch Drücken mit der Hand auf den Fischbauch die Füllmasse gleichmäßig in den Fischen verteilen. Backofen auf 180° C vorheizen. Forellen pfeffern und salzen, im Mehl wenden. In der Pfanne Butterschmalz erhitzen, Forellen bei mittlerer Hitze von beiden Seiten anbraten. Fische auf ein mit Backpapier ausgelegtes Blech legen und im Backofen 5–6 Min. nachgaren. Forellen filetieren, Kräutermasse anlegen und mit den Beilagen servieren.

Forellenfilet mit Pistazien-Fruchtsauce

Tip:
Damit die Butter beim Braten nicht zu rasch zu dunkel wird, zuerst die Pfanne erhitzen, etwas Speiseöl hineingeben und mit Küchenkrepp auswischen.

Zutaten für 4 Personen:
4 Forellenfilets (à ca. 180 g) • 40 g Butter • Pfeffer aus der Mühle • Salz • Mehl. <u>Sauce:</u> 150 ml Sahne • 100 ml Ananassaft • 100 g Erdbeeren • 100 g Ananasscheiben aus der Dose • 20 g ganze, grüne Pistazien (Reformhaus) • frisch gemahlener Pfeffer • Salz • Zitronensaft • 10 ml Weinbrand.

Beilagen: Reis, mit Zitronensaft angemachter Salat.

Nährwert pro Portion: ca. 350 kcal = ca. 1.450 kJ.

Hilfsmittel: Bratpfanne, Stieltopf, Stabmixer, Haarsieb.

Zubereitungszeit: ca. 40 Min. **Garzeit:** Fisch: ca. 2–3 Min.

Zubereitung:
Ananasscheiben in Stücke schneiden, Erdbeeren vierteln. Pistazien in warmem Wasser einweichen. Sahne im Stieltopf erhitzen, Ananassaft zugießen. Ananas- und Erdbeerstücke in die Sauce geben, 2 Min. kochen, mit dem Stabmixer pürieren. Durch ein Haarsieb passieren. Pistazien in die Sauce geben und erwärmen, mit Pfeffer, Salz, Zitronensaft und Weinbrand abschmecken.

Forellenfilets unter fließendem Wasser abspülen, pfeffern, salzen und im Mehl wenden. Butter in der Pfanne erhitzen. Filets bei milder Hitze beidseitig braten. Mit der Sauce und den Beilagen servieren.

Forellenfilet mit Kirschsauce

Zutaten für 4 Personen:
2 küchenfertige Forellen (à ca. 600 g) oder 4 Forellen (à 250–300 g) • 50 g Butterschmalz • frisch gemahlener Pfeffer • Salz • 100 ml Kirschsaft (frisch oder aus dem Glas) • Mehl.
<u>Sauce:</u> *30 g Butter • 1 Schalotte • 1 TL Speisestärke • 150 ml Kirschsaft • 100 ml Sahne • 100 g Kirschen (frisch oder aus dem Glas) • Pfeffer aus der Mühle • Salz • Zitronensaft • Zucker • 10 ml Kirschwasser.*

Beilagen: Bandnudeln, mit Kirschen vermischter, süß-sauer angemachter Salat.

Nährwert pro Portion: ca. 550 kcal = ca. 2.300 kJ.

Hilfsmittel: 2 Teller, Bratpfanne, 2 Stieltöpfe, Haarsieb, Schneebesen.

Zubereitungszeit: ca. 45 Min. **Garzeit:** Fisch: ca. 4 Min.

Zubereitung:
Forellen filetieren und häuten (s. S. 18), beiseite stellen. Schalotte und Kirschen klein schneiden. Im Stieltopf Butter erhitzen. Schalotte darin andünsten. Mit Speisestärke bestäuben, glattrühren. 150 ml Kirschsaft zugießen und aufkochen. Sahne erhitzen und zufügen. Aufkochen, durch Haarsieb in zweiten Stieltopf gießen. Mit Pfeffer, Salz, Zitronensaft, Zucker und Kirschwasser abschmecken, warm halten. Vor dem Servieren die Kirschen in die Sauce geben.

Forellenfilets pfeffern und salzen. 100 ml Kirschsaft auf einen flachen Teller gießen, Mehl auf flachen Teller geben. Butterschmalz in der Pfanne erhitzen. Filets beidseitig durch den Kirschsaft ziehen, im Mehl wenden, bei milder Hitze beidseitig braten. Mit der Sauce und den Beilagen servieren.

Forellenfilet im Crêpe-Mantel mit Orangensauce

Zutaten für 4 Personen:
4 Forellen (à ca. 250 g) • Zitronensaft • 10 g Butter • 1 Zwiebel • 1 Mohrrübe • 1 Stück Sellerie • Grünes vom Porree • 1 Bund Petersilie • 10–12 weiße Pfefferkörner • 4–6 Pimentkörner • 1 Lorbeerblatt • 200 ml trockener Weißwein (Riesling) • Saft von drei Orangen • 100 ml süße Sahne • Pfeffer aus der Mühle • Salz • Zucker. <u>Crêpeteig:</u> 90 ml Milch • 40 g Mehl • 40 g Butter • 1 Ei • 1 Prise Salz • 30 g Butterschmalz • feingewiegte Petersilie.

Nährwert pro Portion: ca. 450 kcal = ca. 1.900 kJ.

Hilfsmittel: Filetiermesser, Kochtopf, Sieb, Stieltopf, Schüssel, Schneebesen, beschichtete Rundpfanne, Kelle, Zitruspresse, Backpapier.

Zubereitungszeit: ca. 90 Min. **Garzeiten:** Crêpe 2–3 Min. Nachgaren: 5–6 Min.

Zubereitung:
Forellen filetieren, Fischreste beiseite stellen. Filets mit Zitronensaft beträufeln. Das Gemüse klein schneiden, 1/2 Bund Petersilie fein hacken. Butter im Stieltopf verflüssigen, in eine Schüssel geben. Mehl, Ei, Salz zufügen und einen glatten Crêpeteig schlagen. Diesen 30 Min. ruhen lassen, nochmals durchrühren. Backofen auf 160° C vorheizen.

Im Kochtopf 10 g Butter schmelzen, Fischreste darin andünsten. Gemüse und ungeschnittene Petersilie zugeben, Saft ziehen lassen. Lorbeerblatt, Pfeffer- und Pimentkörner beifügen, Weißwein aufgießen. Bei milder Hitze 20 Min. köcheln lassen. Brühe durch ein Sieb in den Stieltopf gießen, Siebinhalt ausdrücken. Zum Fischsud Orangensaft geben, Flüssigkeit auf die Hälfte einkochen. Sahne erhitzen, zum Fischsud gießen, Sauce leicht cremig einkochen. Mit Pfeffer, Salz und Zucker abschmecken, warm halten.

Filets beidseitig pfeffern und salzen. Rundpfanne erhitzen, Stück Butterschmalz hineingeben und durchschwenken. Etwas Crêpeteig mit einer Kelle auf den Pfannenboden gießen und schwenken, so daß er dünn auseinanderläuft. Sobald die gebackene Seite goldbraun ist, die Crêpe wenden, mit Petersilie bestreuen. Forellenfilet auf eine Hälfte der Crêpe legen, andere Hälfte über das Filet schlagen. Gefüllte Crêpe auf mit Backpapier ausgelegtes Blech setzen, im Backofen 5–10 Min. nachgaren. Mit Orangensauce servieren.

Forelle mit Krebssauce

Zutaten für 4 Personen:
4 küchenfertige Forellen (à 250–300 g) • 4 gekochte Krebse • Pfeffer aus der Mühle • Salz • 4 Stengel Dill • 4 EL getrocknetes Fischgewürz • 1 EL Kümmel. Sauce: Schalen der Krebse • 30 g Butterschmalz • 1 feingehackte Schalotte • 30 ml Cognac (Weinbrand) • 1 Tomate • 1 EL Tomatenmark • 150 ml Hühnerbrühe (darf Instantbrühe sein) • 200 ml Sahne • Pfeffer aus der Mühle • Salz.

Beilagen: Wilder Reis, Salat.

Nährwert pro Portion: ca. 450 kcal = ca. 1.890 kJ.

Hilfsmittel: Nadel, Küchengarn, Bräter mit Fischeinsatz, Küchenmaschine mit Mixmesser, Stieltopf, Bratpfanne, Haarsieb.

Zubereitungszeit: ca. 70 Min. **Garzeiten:** Fisch: 12–14 Min. Sauce: 20 Min.

Zubereitung:
Forellen rund binden und blauen (s. S. 15). Krebsschwänze und Scherenfleisch auslösen (s. S. 118). Krebsschalen im Mixer zerkleinern. Tomate in Stücke schneiden. In der Pfanne Butterschmalz erhitzen, Krebsschalen darin anrösten, die Schalotte zugeben und andünsten. Cognac zufügen. Tomatenstücke und Tomatenmark einrühren. 100 ml Hühnerbrühe zugießen, aufkochen lassen. Sahne zugießen und bei mittlerer Hitze ca. 10 Min. köcheln lassen. Zwischendurch immer wieder umrühren. Sauce durch Sieb, zum Schluß restliche Hühnerbrühe über die Schalenmasse gießen. Sauce aufkochen, mit Pfeffer und Salz abschmecken, das ausgelöste Krebsfleisch in die Sauce geben und warm halten.
Im Bräter 700 ml Wasser mit dem Fischgewürz und dem Kümmel aufkochen, die Forellen einsetzen und bei zurückgeschalteter Hitze garen. Forellen aus dem Bräter nehmen, mit der Sauce und den Beilagen servieren.

Saiblingfilet mit Kapernsauce

Zutaten für 4 Personen:
4 küchenfertige Saiblinge (à ca. 300 g) • Zitronensaft • 50 g Butterschmalz • frisch gemahlener Pfeffer • Salz. <u>Sauce:</u> 30 g Butter • Fischreste • je 1 Stück Porree, Sellerieknolle, Petersilienwurzel, Mohrrübe • 1 Zwiebel • 1 kleines Lorbeerblatt • 8 Pfefferkörner • 1 TL Senfkörner • 150 ml trockener Weißwein (z.B. Riesling) • 150 ml Sahne • 1 Glas Kapern (ca. 70 g Abtropfgewicht) • 2 Eigelb.

Beilagen: Püree aus Kartoffeln und Petersilienwurzel, Salat.

Nährwert pro Portion: ca. 550 kcal = ca. 2.300 kJ.

Hilfsmittel: Küchenplatte, Bratpfanne, Küchenschere, Schnellkochtopf, Haarsieb, Schüssel, Stieltopf, Stabmixer.

Zubereitungszeit: ca. 50 Min. **Garzeiten:** Fisch: ca. 4 Min. Fischfond: 10 Min. (Schnellkochtopf, Stufe I); 20 Min. (Kochtopf).

Zubereitung:
Saiblinge filetieren und entgräten (s. S. 18). Filets auf Platte legen, Innenseite mit Zitronensaft beträufeln, im Kühlschrank kühlen. Fischreste zerkleinern. Wurzelgemüse klein schneiden. Im Schnellkochtopf Butter erhitzen, darin Fischreste andünsten. Wurzelgemüse und Gewürze zugeben, durchmischen, kurz erhitzen. Weißwein zugießen, aufkochen, alles mit Wasser bedecken. Topf schließen, Fischreste auskochen. Brühe durch Haarsieb gießen. Von der Sahne 2 EL zurückbehalten, Rest im Stieltopf erhitzen. Fischbrühe zugießen, auf ca. 250 ml einkochen. Kapern abseihen, zur Sauce geben. 5 Min. ziehen lassen. Sauce mit in Sahne zerschlagenem Eigelb binden, mit Pfeffer und Salz abschmecken.

Saiblingfilets salzen und pfeffern. In heißem Butterschmalz braten. Mit der Sauce und den Beilagen servieren.

Kartoffeln-Petersilien-Püree:
500 g geschälte Kartoffeln und ca. 150 g geschälte Petersilienwurzel in wenig Salzwasser weich kochen. Im Kochwasser mit Stabmixer pürieren, mit Pfeffer und Salz abschmecken.

Tip:
Falls die Sauce einmal gerinnen sollte, abkühlen lassen, durch ein Haarsieb gießen. 50 ml Sahne zugießen und unter ständigem Schlagen mit dem Schneebesen erwärmen.

Saibling im Gemüse-Weinsud mit Basilikumbutter

Zutaten für 4 Personen:
4 Saiblinge (à ca. 250 g) • 400 ml halbtrockener Weißwein • 1/2 Bund Petersilie • 2 Zweige Kerbel und Estragon • 1 in Scheiben geschnittene Mohrrübe • 1 Stengel Staudensellerie • 3 in Scheiben geschnittene Schalotten • 4 Stengel Zitronenmelisse • 10–12 weiße Pfefferkörner • 3 Zweige Dill • frisch gemahlener Pfeffer • Salz. Basilikumbutter: 125 g weiche Butter • 1 TL feingehackte Basilikumblätter • 2 TL feingehackte Schalotten • Pfeffer aus der Mühle • Prise Salz.

Beilagen: Salzkartoffeln, Salat.

Nährwert pro Portion: ca. 530 kcal = ca. 2.200 kJ.

Hilfsmittel: Fischtopf, Topf, Schüssel.

Zubereitungszeit: 45 Min. **Garzeit:** Fisch: 6–8 Min.

Zubereitung:
Saiblinge innen mit Pfeffer und Salz einreiben und in einen Fischtopf setzen. Wein mit Kräutern, Gemüsen und Gewürzen aufkochen und über die Fische gießen. Sud erhitzen, Saiblinge bei mittlerer Hitze garziehen lassen.

Basilikumbutter: Butter in eine Schüssel geben, pfeffern und salzen. Basilikum und Schalotten mit einer Gabel in die Butter einarbeiten. Fische aus dem Sud nehmen und mit der Butter servieren.

Hinweis:
Auf gleiche Weise lassen sich auch Forellen, Äschen und Felchen zubereiten.

Huchen im Bierteig mit süß-saurer Sauce

Zutaten für 4 Personen:
600 g Filet vom Huchen • Saft einer Zitrone • Pfeffer aus der Mühle • Salz • Fritierfett.
<u>Sauce:</u> *1 Dose Obstsalat • 2 EL Bienenhonig • 30 ml Zitronensaft • frisch gemahlener Pfeffer • Salz • Sojasauce • Tabasco • Kartoffelmehl.* <u>Bierteig:</u> *6 EL Mehl • 150 ml Bier • 2 Eigelb • Eischnee von 2 Eiweiß • Pfeffer • Salz.*

Beilagen: Reis, Salat der Saison.

Nährwert pro Portion: ca. 670 kcal = ca. 2.800 kJ.

Hilfsmittel: Schüssel, Haarsieb, Stieltopf, Friteuse, Schaumlöffel, Backblech, Küchenkrepp.

Zubereitungszeit: ca. 60 Min. **Garzeit** pro Fritiervorgang: ca. 2 Min., gesamt ca. 20 Min.

Zubereitung:
Das Filet in würfelähnliche große Stücke schneiden. In eine Schüssel geben. Mit Zitronensaft beträufeln, pfeffern und salzen. Durchmischen, im Kühlschrank 30 Min. kühlen.

Sauce: Inhalt der Obstsalatdose auf ein Sieb geben. Saft auffangen, mit Wasser auf 200 ml auffüllen und im Stieltopf erhitzen. Bienenhonig im Saft auflösen. Zitronensaft zufügen. Mit Pfeffer, Salz und Tabasco abschmecken. Warm halten. Kurz vor dem Servieren das abgetropfte Obst in die Sauce geben.

Bierteig:
Aus dem Mehl, dem Bier, den Eigelb und dem Eischnee einen Teig herstellen. Diesen leicht pfeffern und salzen. Fritierfett erhitzen. Backofen auf 100° C vorheizen. Filetstücke in Mehl wenden, in den Bierteig geben, herausheben und im Fritierfett goldgelb ausbacken. Mit dem Schaumlöffel herausheben. Auf ein mit Küchenkrepp doppellagig ausgelegtes Blech geben und im Backofen warm halten. Mit der Sauce und den Beilagen servieren.

Huchen in Mandeldecke

Zutaten für 4 Personen:
1 Filetstück vom Huchen (ca. 600 g) • 30 ml Zitronensaft • Pfeffer aus der Mühle • Salz • 2 EL Mehl • 2 Eigelb • 100 g gehobelte Mandeln • 1 Eiweiß • 50 g Butter. <u>Sauce:</u> 300 ml trockener Weißwein • je 1 Stück Mohrrübe, Sellerieknolle, Porree, Petersilienwurzel, Zwiebel • 1 Lorbeerblatt • 1 Becher Crème fraîche (Schmand, saure Sahne) • frisch gemahlener Pfeffer • Salz.

Beilagen: Herzoginkartoffeln, Prinzeßbohnensalat.

Nährwert pro Portion: ca. 650 kcal = ca. 2.700 kJ.

Hilfsmittel: Schüsseln, Teller, Stieltopf, Haarsieb, ovale Bratpfanne (ersatzweise Bräter, Auflaufform), Löffel.

Zubereitungszeit: ca. 60 Min. **Garzeit:** Fisch in der Pfanne 2 x 2 Min., in der Auflaufform 20 Min.

Zubereitung:
Das Fischfilet mit Zitronensaft beträufeln und im Kühlschrank 30 Min. kühlen. Das Wurzelgemüse putzen und klein schneiden. Mit dem Wein in den Stieltopf geben, bei mittlerer Hitze 10 Min. kochen. Den Fond durch Sieb in eine Schüssel gießen. Backofen auf 190° C vorheizen. Das Filetstück von beiden Seiten pfeffern und salzen, im Mehl wenden. In der Pfanne 30 g Butter erhitzen, das Filet von beiden Seiten anbraten, herausnehmen und abkühlen lassen. Bratensatz mit dem Fond auf- und auf ca. 250 ml einkochen. Crème fraîche einrühren, mit Pfeffer und Salz abschmecken, in eine Schüssel geben. Eigelb zerschlagen, Eiweiß anschlagen. Das Fischfilet in die Pfanne setzen, mit Eigelb bestreichen. Mandeln auf dem Filet verteilen, restliches Eigelb zum Eiweiß geben. Eiweiß mit dem Löffel auf die Mandeln verteilen. Einige Butterflocken auf die Mandeln geben. Sauce rundum angießen. Backofen auf Oberhitze schalten, auf mittlerer Schiene das Filet solange garen, bis die Mandeln goldgelb sind. In der Auflaufform servieren.

Karpfen *(Cyprinus carpio L.)*
Schleie *(Tinca tinca L.)*

Der speziell in den Wintermonaten als Speisefisch hochgeschätzte und zu den Friedfischen zählende **Karpfen** stammt ursprünglich aus dem Bereich des Kaspischen Meeres. Heute ist er in vielen Kontinenten der Erde in verschiedenen Unterarten in Flüssen, Seen und Teichen heimisch. Bereits Griechen und Römer hielten Karpfen in Teichen, um sie für die eigene Küche stets verfügbar zu haben. Bekanntheit und Beliebtheit dieses Fisches ließen ihn in Form von Zeichnungen zum Erkennungssymbol der ersten Christen werden. Fortan spielte der Karpfen im kirchlichen Bereich, speziell zur weihnachtlichen und österlichen Fastenzeit, eine herausragende Rolle, begünstigt durch von Mönchen unterhaltene Karpfenteiche, Vorläufer der heutigen Karpfenteichwirtschaft. Sie liefert rund 90 Prozent der Speisekarpfen. Der Rest stammt aus Seen und Flüssen. Deutsche Karpfenteichwirte erzielen eine Jahresproduktion von ca. 12.000 bis 15.000 t, ihre Kollegen in Österreich nur ein Zehntel davon – Mengen, die die Nachfrage nicht decken. Hierfür sorgen Importe aus osteuropäischen Staaten und Asien. Da der Karpfen ohne Wasser mehrere Stunden überleben kann, läßt er sich auf Eis oder in feuchte Tücher gepackt relativ leicht über längere Strecken lebend transportieren.

Überwiegend im Angebot ist der **Spiegelkarpfen,** so benannt wegen der wenigen großen, metallisch glänzenden Schuppen. Vom Weihnachts- oder Silvesterkarpfen stammend, werden sie altem Brauch folgend ein Jahr in Form von Glücksbringern in den Geldbörsen aufbewahrt. Spiegelkarpfen wurden aus dem voll geschuppten, keinen hohen Rücken aufweisenden **Wildkarpfen** herausgezüchtet. Zwischen beiden steht der **Schuppenkarpfen.** Nahezu ohne Schuppen ist dagegen der **Lederkarpfen.** Diese Karpfen zeichnen sich durch ein relativ fettreiches, weiches, saf-

Abweichende regionale Namen, Laichzeiten, Fangzeiten

Karpfen
Karpen, Karpe, Karpf, Flußgründling, Seebinkel

Laichzeit:
Mai bis Juni

Fangzeit (regional zum Teil abweichend):
Juli bis Oktober

Amur
Weißer Amur, Graskarpfen, Grasfisch

Laichzeit:
Juni bis August (abhängig von der Wassertemperatur)

Fangzeit (sofern überhaupt):
September bis Januar

Silberamur
Silberkarpfen, Silberfisch, Tolstolob

Laichzeit:
Juni bis August (abhängig von der Wassertemperatur)

Fangzeit (sofern überhaupt):
September bis Januar

Schleie
Schlei, Schleihe, Schleiche, Schleiforelle, Schlammler, Schlüpfling, Schuster, Slie

Laichzeit:
Mai bis Juni

Fangzeit:
Juli bis November

Spiegelkarpfen, die bei uns am häufigsten aus Teichwirtschaften angebotene Karpfenart.

Wissenswert:
Die Aussage, Karpfen und Schleien müßten vor dem Schlachten über mehrere Tage in sauberem Wasser gehältert werden, damit ihr Fleisch keinen modrigen Geschmack aufweist, ist nur bedingt richtig. Im Sommer gefangene und anschließend sofort ausgeweidete Karpfen und Schleien weisen den gleichen Wohlgeschmack wie gehälterte Artgenossen auf – vorausgesetzt, die innen liegende weiße Bauchhaut wurde nach dem Ausweiden gleich abgezogen bzw. mit Salz herausgerieben. Hintergrund: Die an ihr anhaftenden, aus dem Darmbereich stammenden und den modrigen Geschmack verursachenden „Aromen" dringen erst beim Kochen, Dünsten oder Braten in das Fleisch ein. Wird die Bauchhaut frisch entfernt, erfolgt dies nicht – eine Erkenntnis, die Tausende von Angelfischern, die im Sommer erfolgreich auf Karpfen und Schleien fischen, nachfolgend ihren Fang mit Genuß verzehren läßt.

tiges und wohlschmeckendes Fleisch aus. Vorwiegend aus China und Japan werden verstärkt der **Amur-Karpfen** *(Ctenopharyngodon idella V.)* und der **Silberamur** *(Hypophthalmichthys molitrix V.)* in die europäische Teichwirtschaft integriert und angeboten. Daneben gibt es noch den **Schwarzen Amur** *(Mylopharyngodon piceus)* und den **Marmoramur** *(Hypophthalmichthys nobilis R.)*. Ihr Erscheinungsbild gleicht eher dem Döbel als unseren Karpfen. Auch ist ihr Fleisch fester und fettärmer. Bis auf den Schwarzen Amur (Schnecken und Muschelfresser) ernähren sich alle anderen Karpfenarten überwiegend von pflanzlichem Material und benötigen für die Laichung krautige Teiche und Flußläufe. Wassertemperaturen von 18° C und mehr steigern ihre Aktivität und Nahrungsaufnahme und damit den körperlichen Zuwachs. Dieser wird in den Teichwirtschaften durch tägliche Fütterung mit Getreide, überwiegend Weizen und Mais, gefördert. Das im dritten Jahr (dreisömmerige Karpfen) erreichte Schlachtgewicht liegt zwischen 1,5 kg und 2 kg. Karpfen können bis zu 25 Jahre alt und über 30 kg schwer werden. Wie bei allen Fischen, läßt sich auch bei den Karpfen das Alter an den Schuppen ablesen. Unter der Lupe sind Jahresringe zu erkennen. Einheimische weibliche Karpfen (Rogner) lassen sich an der im Afterbereich nach außen gestülpten Geschlechtsöffnung erkennen. Bei männlichen Tieren (Milchner) ist sie leicht nach innen gefaltet.

Zur rund 1.200 Arten zählenden Großfamilie der Karpfenfische *(Cyprinidae)*, Knochenfische genannt, gehört auch die **Schleie,** ein im Fleisch gegenüber dem Karpfen etwas festerer, überaus köstlich schmeckender Fisch. Lebensraum und Nahrung entsprechen jenen des Karpfens. Ohne Wasser vermag die Schleie noch länger zu überleben als der Karpfen. Sie kann auf Eis über mehrere Stunden lebend transportiert werden. Schleien erreichen Längen bis zu 70 cm und Gewichte von 6 kg und mehr. Rogner unterscheiden sich von den Milchnern durch schmalere, nicht über die Afterregion hinausreichende Bauchflossen. Als Beifisch in Karpfenteichen kommt die Schleie zeitgleich mit dem Karpfen in den Handel.

Schleien, zur Familie der Karpfenartigen gehörend, sind im Geschmack feiner als Karpfen.

37

Küchentechnik (Karpfenvariationen)

1. Die Schuppen beim Spiegelkarpfen mit dem Messer ablösen.

2. In 1–2 cm Abständen Rückenfiletgräten senkrecht durchtrennen.

3. Teig auf Folie ausrollen, Karpfen auflegen, Teig umschneiden.

4. Karpfen in Teig einschlagen. Mit separatem Teigblatt abdecken.

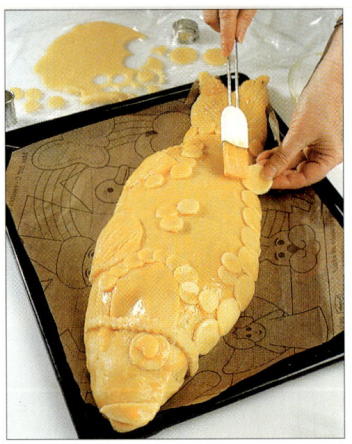

5. Karpfen wenden, auf Blech legen, mit Teigschuppen verzieren.

1. **Karpfen spalten:** In Rückenmitte einstechen, zum Kopf schneiden.

2. Unter kräftigem Druck Karpfenkopf mit dem Messer halbieren.

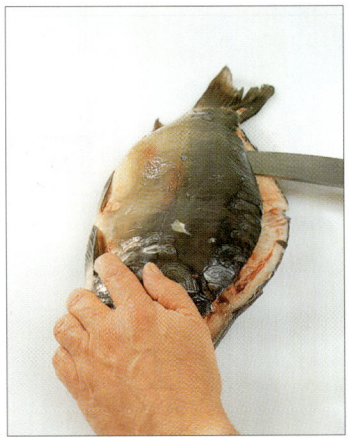

3. Karpfen seitlich legen. Rückenwirbel zum Schwanz hin spalten.

4. In zwei Hälften gespaltener Karpfen zur weiteren Verarbeitung.

Gebackener Karpfen mit Kartoffelsalat

(Foto vorige Seite)

Zutaten für 4 Personen:
1 Karpfen (ca. 1.500 g) • Saft einer Zitrone • Mehl • 50 g Butterschmalz • Pfeffer aus der Mühle • Salz. <u>Kartoffelsalat:</u> 800 g Pellkartoffeln • 300 ml Wasser • 50 ml Essig • 2 kleingeschnittene Zwiebeln • frisch gemahlener Pfeffer • Salz • 1 Eigelb • 80 g gewürfelter Speck.

Beilage: Rapunzelsalat.

Nährwert pro Portion: ca. 1.200 kcal = ca. 5.000 kJ.

Hilfsmittel: Kochmesser, ovale Bratpfanne (Bräter), Stieltopf, Schüssel, Sieb.

Zubereitungszeit: ca. 90 Min. **Wartezeit:** Kartoffelsalat: 12 Std. **Garzeit:** Fisch: pro Hälfte 2 x 3 Min.

Zubereitung:
Kartoffelsalat vorbereiten: Pellkartoffeln in Scheiben schneiden und in eine Schüssel geben. Im Stieltopf Wasser, Essig, Zwiebeln aufkochen. Sud mit Pfeffer und Salz kräftig abschmecken. Heiß über die Kartoffeln gießen und über Nacht im Kühlschrank ziehen lassen. Kartoffeln auf ein Sieb geben, Flüssigkeit ablaufen lassen. Speck im Stieltopf auslassen und bräunen. Kartoffeln in die Schüssel geben, zerschlagenes Eigelb und warmes Speckfett mit dem Speck über die Kartoffeln gießen. Vorsichtig durchheben. Im Wasserbad Kartoffelsalat erwärmen.

Karpfen schuppen und der Länge nach spalten (s. S. 38). Hälften mit Zitronensaft beträufeln, pfeffern und salzen. In Mehl wenden. Butterschmalz in der Pfanne erhitzen und die Karpfenhälften nacheinander beidseitig backen. Mit dem Kartoffelsalat servieren.

Tip:
Beim Einkauf des Karpfens den Fischhändler fragen, ob er ihn gleich der Länge nach spalten kann. Allerdings – nicht jeder sieht sich hierzu in der Lage.

Hinweis:
Wird der Karpfen ganz gebraten, ihn zuerst auf dem Herd auf beiden Seiten anbraten, dann den Bräter in den auf 200° C vorgeheizten Backofen schieben und den Fisch ca. 25 Min. nachgaren.

Karpfen blau

Zutaten für 4 Personen:
1 Karpfen (ca. 2.000 g) • 50 ml Essig • 100 ml Wasser • je 1 Stück Mohrrübe, Sellerieknolle, Petersilienwurzel, Porree • 1 Zwiebel • 1 Lorbeerblatt • je 1 EL Wacholderbeeren, Pimentkörner, weiße Pfefferkörner, Senfkörner • frisch gemahlener Pfeffer • Salz.

Beilagen: Petersilienkartoffeln, zerlassene Butter, Zitronensaft, Meerrettichsahne.

Nährwert pro Portion: ca. 550 kcal = 2.300 kJ.

Hilfsmittel: Stieltopf, große Schüssel bzw. kleine Wanne, Gänsebräter, 2 Fischheber, Reibe.

Zubereitungszeit: ca. 1 Std. **Garzeit:** Fisch: ca. 35 Min.

Zubereitung:
Karpfen vorsichtig schuppen, damit die Schleimhaut nicht verletzt wird. Ihn innen mit Pfeffer und Salz ausreiben. Im Stieltopf Wasser und Essig erwärmen, Karpfen damit übergießen. Fisch kurz an die kalte Luft stellen, damit er gut nachblaut. Wurzelgemüse putzen und klein schneiden. Im Bräter reichlich Wasser mit Wurzelgemüse, Lorbeer und Würzkörnern aufkochen. Karpfen einsetzen und bei geschlossenem Deckel bei mittlerer Hitze garen. Karpfen aus dem Sud heben, auf einer Platte anrichten und mit den Beilagen servieren.

Tip:
Karpfenreste wieder in den Sud geben, aufkochen und über Nacht ziehen lassen. Sud durchseihen und zu einer Karpfensuppe (s. S. 137) verarbeiten.

Hinweis:
Die Meerrettichsahne vergraut nicht so schnell, wenn zuerst die Sahne aufgeschlagen und der frischgeriebene Meerrettich sofort eingearbeitet wird. Meerrettich nicht mit Zitronensaft beträufeln, da die Sahne sonst gerinnt. Gleiches geschieht bei Verarbeitung von Meerrettich aus dem Glas.

Karpfen in saurer Sahne

Zutaten für 4 Personen:
1 Karpfen (ca. 1.500 g) • 50 g Butter • 2 Becher Schmand oder saure Sahne (ca. 400 g) • Tabasco (grün) • Blätter von 3 Stengeln Dill • 1 Lorbeerblatt • 1/2 Zwiebel • 1 unbehandelte Zitrone • frisch gemahlener Pfeffer • Salz.

Beilagen: Teigwaren, Salat.

Nährwert pro Portion: ca. 850 kcal = ca. 3.550 kJ.

Hilfsmittel: Kochmesser, Haushaltsschere, Auflaufform, Schüssel, Reibe.

Zubereitungszeit: ca. 60 Min. **Garzeit:** Fisch: ca. 35 Min.

Zubereitung:
Karpfen schuppen, mit Kochmesser und Haushaltsschere Kopf und Schwanz abtrennen. Karpfen innen salzen und pfeffern. Dillblätter von den Stengeln zupfen, Zwiebel in Scheiben schneiden. Dill, Zwiebel und Lorbeerblatt in den Karpfenbauch geben. Backofen auf 220° C vorheizen. Saure Sahne in eine Schüssel geben, einige Tropfen grünen Tabasco zufügen, pfeffern und salzen, alles durchrühren. Auflaufform mit Butter ausfetten. Karpfen in die Form legen. Die Hälfte der sauren Sahne auf dem Karpfen verteilen. Zitronenschale über dem Karpfen mit der Reibe abreiben. Auflaufform in den Backofen geben. Restliche saure Sahne mit dem Saft einer halben Zitrone vermischen und nach 15 Min. über den Karpfen verteilen. Temperatur auf 200° C zurückschalten. Karpfen fertiggaren. In der Auflaufform servieren.

> **Tip:**
> Kopf und Schwanz des Karpfens einfrieren und später hieraus eine Karpfensuppe (s. S. 137) herstellen.

Karpfen im Teigmantel

(Foto vorige Seite)

Zutaten für 4 Personen:
1 küchenfertiger Karpfen (ca. 1.500 g) • Pfeffer aus der Mühle • Salz • je 1 Zweig Thymian, Estragon, Petersilie, Dill, Zitronenmelisse. Teig: 750 g Weizenmehl (Typ 480) • 375 g Butter • 2 Eier • 4 EL Wasser • 1 TL Liebstöckelsalz. Sauce: 30 g Butter • 10 g Mehl • 350 ml Fischfond (ersatzweise Hühnerbrühe, darf Instant sein) • 6 Stück braune Zuckerwürfel • 60 ml Port- oder Malagawein • 20 ml Zitronensaft • 1 Stück Saucenbrot (ca. 50 g) • 50 g Sultaninen • 20 g gehobelte Mandeln • frisch gemahlener Pfeffer • Salz • Zucker.

Beilage: Mit Balsamico und Kernöl angemachter Kopfsalat.

Nährwert pro Portion: ca. 2.000 kcal = ca. 8.300 kJ.

Hilfsmittel: Küchenmaschine mit Knetwerk, Teigroller, Frischhaltefolie, Backblech, Backpapier, Stieltopf, Haarsieb.

Zubereitungszeit: ca. 2 Std. **Garzeit:** Fisch: 45 Min.

Zubereitung:
Karpfen schuppen, innen mit Salz ausreiben, pfeffern und kühl stellen. Teigzutaten zum Teig verarbeiten, je nach dessen Struktur 1–2 EL mehr Wasser zufügen. Teig 1 Std. kühl stellen, auf Frischhaltefolie 2–3 mm dick ausrollen. Karpfen mit den Würzkräutern füllen und mit dem Teig ummanteln (s. S. 38). Backofen auf 220° C vorheizen. Karpfen auf mit Backpapier ausgelegtes Backblech legen und verzieren. Bei 220° C 15 Min., dann bei 200° C 30 Min. backen.

Sauce: Saucenbrot in dünne Scheiben schneiden. Butter im Topf erhitzen, Mehl zufügen und bräunen. Fischfond, Wein, Zitronensaft zugießen, aufkochen lassen. Zuckerwürfel und Saucenbrot hineingeben. Ca. 5 Min. kochen. Sauce durch ein Sieb passieren, erneut erhitzen, Sultaninen und Mandeln zufügen. Mit Pfeffer, Salz, Zitronensaft und Zucker abschmecken. Karpfen mit der Sauce servieren.

Hinweise:
Saucenbrot (Handelsbezeichnung) ist ein spezieller Lebkuchen (Honigkuchen) zur Herstellung brauner Saucen.

Das für die Herstellung des zur Ummantelung des Karpfens dienenden Pastetenteiges verwendete Mehl muß einen hohen Anteil an klebfähigen Proteinen besitzen, da sonst der Teig bei der Verarbeitung brösselt und bricht. Beim Mehltyp 405 kann dieser Anteil aufgrund der Kornqualität, abhängig von der Wetterlage während der Reifezeit des Getreides, zu gering sein. Empfehlung: Mehltyp 480 oder 550 verwenden.

Karpfen in Nuß-Honigbrot-Panade

Zutaten für 4 Personen:
1 Karpfen (ca. 1.500 g) • frisch gemahlener Pfeffer • Salz • 6 gehäufte EL Mehl • 2 Eier • 1/2 geriebenes Saucenbrot (ca. 50 g) • 6 EL Semmelbrösel • abgeriebene Schale einer unbehandelten Zitrone • 20 g gemahlene Walnüsse • 40 g Butterfett. <u>Sauce:</u> 300 ml Wasser • 30 ml Balsamico-Essig • je 1 Stück Sellerieknolle, Mohrrübe, Petersilienwurzel • 1 Zwiebel • 1 Lorbeerblatt • 10–12 weiße Pfefferkörner • 400 ml Rotwein • 1/2 geriebenes Saucenbrot • Pfeffer aus der Mühle • Salz • Zucker • Zitronensaft.

Beilagen: Klöße von gekochten Kartoffeln, Rotkohl.

Nährwert pro Portion: ca. 800 kcal = ca. 3.350 kJ.

Hilfsmittel: Kochmesser, Küchenschere, 3 flache Teller, Mehlsieb, große Bratpfanne, Servierplatte, Reibe, Stieltopf, Schüsseln, Sieblöffel, Haarsieb.

Zubereitungszeit: ca. 90 Min. **Garzeit:** Fisch: 2 x 3 Min.

Zubereitung:
Karpfen schuppen und der Länge nach spalten. Kopf und Schwanz abtrennen (s. Tip S. 42), Körperhälften in drei gleich breite Stücke teilen. Von beiden Seiten pfeffern und salzen. Kühl stellen. Wurzelgemüse putzen, klein schneiden, mit Wasser, Pfefferkörnern, Lorbeerblatt, Essig und Rotwein im Stieltopf ca. 10 Min. kochen. Gemüse, Lorbeer und Pfefferkörner mit Sieblöffel herausnehmen, Saucenbrot zugeben und zerkochen lassen. Sauce durchsieben, mit Pfeffer, Salz, Zucker und Zitronensaft abschmecken, warm halten.

Saucenbrot, Semmelbrösel, abgeriebene Zitronenschale, Walnüsse in einer Schüssel mischen, auf Teller geben. Eier auf 2. Teller durchschlagen. Mehl auf 3. Teller sieben. Backofen auf 100° C vorheizen. Karpfenstücke zuerst in Mehl, dann in Ei und zum Schluß in der Panadenmischung wälzen. Butterfett in der Pfanne erhitzen, Karpfenstücke kurz anbraten, bei zurückgeschalteter Hitze fertigbraten. Im Backofen warm halten. Karpfenstücke mit Sauce und Beilagen servieren.

Karpfen in Biersauce

Zutaten für 4 Personen:
1 küchenfertiger Karpfen (ca. 1.500 g) • 1 große Mohrrübe • 1 Stück Sellerieknolle • 2 Zwiebeln • 1 Stück Petersilienwurzel • 2–3 Gewürznelken • 1 Lorbeerblatt • 1 Stück Ingwer • weiße und schwarze Pfefferkörner • 1 gestr. TL Salz • 2 l Bier (Pils oder Export) • 100 ml Essig. <u>Sauce:</u> Kochsud mit Inhalt • 1 Stück Saucenbrot (ca. 50 g) • 30 g brauner Zucker • Scheiben einer unbehandelten Zitrone • 50 g Kapern • 15–20 gefüllte Oliven • 30 g Butter • 100 ml trockener Weißwein • Pfeffer aus der Mühle • Salz • Zucker • Zitronensaft.

Beilagen: Salzkartoffeln, Klöße von rohen Kartoffeln, süß-sauer angemachter Salat.

Nährwert pro Portion: ca. 1.500 kcal = ca. 6.250 kJ.

Hilfsmittel: Kochmesser, Küchenschere, Bräter mit Deckel, Fischheber, Raspel, Servierplatte.

Zubereitungszeit: ca. 60 Min. **Garzeit:** Fisch: 30–35 Min.

Zubereitung:
Vom Karpfen mit Messer und Schere Kopf und Schwanzflosse abtrennen. Karpfen innen salzen und kühl stellen. Mohrrübe, Sellerie, Petersilienwurzel putzen und in Scheiben schneiden. Karpfenkopf und -schwanz mit dem Gemüse und den Gewürzen in den Bräter geben. Essig und Bier zugießen, alles aufkochen und 5 Min. köcheln lassen. Kopf und Schwanz aus dem Sud nehmen, Karpfenstück einlegen und bei milder Hitze 30 Min. garen. Fisch herausheben und warm stellen. Saucenbrot raspeln, in den Sud geben. Alle anderen Saucenzutaten zufügen und 3 Min. kochen. Mit Pfeffer, Salz, Zucker und Zitronensaft abschmecken. Karpfen auf einer Platte anrichten, mit der Sauce übergießen und servieren.

Karpfen mit Backobst gefüllt

Zutaten für 4 Personen:
1 Karpfen (ca. 1.500 g) • 100 g gemischtes Backobst • 1 ein Tag altes Brötchen • 80 ml Milch • 1 Zwiebel • Blätter von 2 Stielen Petersilie • 1 Ei • abgeriebene Schale von einer halben unbehandelten Zitrone • frischgemahlener Pfeffer • Salz.

Beilagen: Zitronenbutter, Kartoffelpüree.

Nährwert pro Portion: ca. 750 kcal = ca. 3.150 kJ.

Hilfsmittel: Schüsseln, Holzzahnstocher, Küchengarn, Haushaltsschere, Bratfolie.

Zubereitungszeit: ca. 80 Min. **Garzeit:** Fisch: ca. 40 Min.

Zubereitung:
Karpfen schuppen, außen und innen salzen. Backobst in lauwarmem Wasser 15 Min. einweichen, absieben, Flüssigkeit auffangen. Brötchen in Scheiben schneiden, mit heißer Milch übergießen, weichen lassen, ausdrücken. Zwiebel und Backobst klein schneiden, zum Brötchen geben. Pfeffern und salzen. Petersilie hacken, zusammen mit dem Ei und der abgeriebenen Zitrone zum Brötchen geben. Alles gut durchmengen. Masse in den Karpfen füllen. Bauchhöhle mit Zahnstochern und Küchengarn schließen (s. S. 56). Karpfen in die Bratfolie geben, aufgefangene Backobstflüssigkeit zugießen und Folie schließen. Auf einen Rost mit untergeschobenem Blech setzen und auf mittlerer Schiene in den Backofen schieben. Diesen auf 220° C aufheizen, nach 15 Min. Hitze auf 180° C herunterschalten und weitere 20 Min. garen. Karpfen aus der Folie nehmen, filetieren, mit der aufgeschnittenen Füllung und Zitronenbutter servieren.

Zitronenbutter:
Saft einer Zitrone in einem Stieltopf erhitzen. 125 g Butter Stück für Stück zufügen und mit dem Schneebesen schaumig schlagen.

Schleienfilet mit Champagnersauce

Zutaten für 4 Personen:
4 Schleien (à 400–450 g) • Zitronensaft • 50 g Butterfett • Mehl • Pfeffer aus der Mühle • Salz. Sauce: Fischreste • 30 g Butter • 2 Schalotten • 2 Stengel Petersilie • 1 Stück Mohrrübe • 6-8 weiße Pfefferkörner • 250 ml Sahne • 200 ml Champagner (darf auch Rieslingsekt sein) • frisch gemahlener Pfeffer • Salz.

Beilagen: Reis, mit Champagneressig und Walnußöl angemachter Salat.

Nährwert pro Portion: ca. 550 kcal = ca. 2.300 kJ.

Hilfsmittel: Bratpfanne, Topf, Stieltopf, Haarsieb, Küchenschere.

Zubereitungszeit: ca. 60 Min. **Garzeit:** Fisch: 2 x 2 Min.

Zubereitung:
Die Schleien filetieren und häuten (s. S. 18). Filets mit Zitronensaft beträufeln. Fischreste mit der Küchenschere zerkleinern. Schalotten und Mohrrübe putzen und klein schneiden. Im Topf Butter erhitzen, darin Fischreste, Schalotten, Mohrrübe, Petersilie und Pfefferkörner angehen lassen. Zwischendurch etwas Wasser zugeben. Sahne zugießen, aufkochen. Bei mittlerer Hitze 5 Min. köcheln lassen. Champagner zugießen und weitere 5 Min. köcheln. Sauce durch Haarsieb gießen, mit Pfeffer und Salz abschmecken und warm halten.

Fischfilets pfeffern, salzen, in Mehl wenden. In der Pfanne Butterfett erhitzen und darin die Filets goldgelb braten. Mit der Sauce und den Beilagen servieren.

Schleie blau mit Meerrettichsauce

(Foto vorige Seite)

Zutaten für 4 Personen:
4 Schleien (à ca. 400 g) • 100 ml Essig • 3 EL getrocknetes Kochfischgewürz ohne Nelken • frisch gemahlener Pfeffer • Salz. <u>Sauce:</u> 30 g Butter • 1 EL Mehl • 1 feingeschnittene Schalotte • 200 ml trockener Weißwein • 150 ml Fischsud • 100 ml Sahne • 3 EL frischgeriebener Meerrettich • Pfeffer aus der Mühle • Salz.

Beilagen: Salzkartoffeln, Salat.

Nährwert pro Portion: ca. 400 kcal = ca. 1.670 kJ.

Hilfsmittel: Stieltopf, Topf, Flachsieb, Fischtopf oder Bräter mit Deckel, Fischheber, Reibe, dicke Nadel, Küchengarn.

Zubereitungszeit: ca. 60 Min. **Garzeit:** Fisch: ca. 15 Min.

Zubereitung:
Die Schleien innen pfeffern und salzen, rund binden (s. S. 15). Auf Flachsieb setzen. Im Stieltopf 500 ml Wasser mit 100 ml Essig vermischt erwärmen und über die Schleien gießen. Im Fischtopf Fischgewürz mit reichlich Wasser aufkochen (es soll später die Schleien bedecken). Schleien einsetzen und bei mittlerer Hitze garen.

Sauce: Butter im Topf zerlassen, Schalotte andünsten, mit Mehl bestreuen. Durchrühren, bis sich das Mehl mit der Butter verbunden hat. Wein aufgießen, aufkochen lassen. Fischsud zugeben. 2–3 Min. köcheln lassen. Sahne erhitzen und zufügen. Meerrettich einrühren, mit Pfeffer und Salz abschmecken. Schleien mit der Sauce und den Beilagen servieren.

Gebratenen oder gekochten Fisch filetieren

1. Rücken- und Bauchflossen herausziehen.

2. Rücken mittig auftrennen, Filet mit Rückgrat abheben.

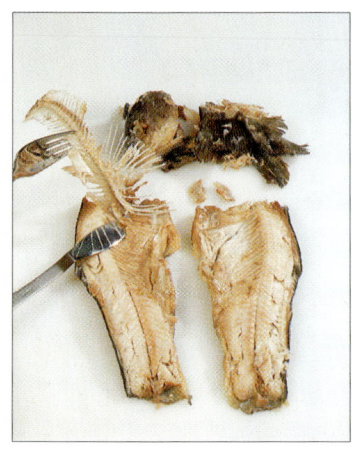

3. Rückgrat mit anhängenden Bauchgräten ablösen.

Schleie im Salzmantel

Zutaten für 4 Personen:
2 Schleien (à ca. 600-650 g) • je 2 Stengel Dill, Estragon, Zitronenthymian, Kerbel • 1 Lorbeerblatt • Pflanzenöl • 2.000 g grobes Salz • 6 Eiweiß • frisch gemahlener Pfeffer.
<u>Sauce:</u> 3 Eigelb • 100 g Butter • 20 ml Estragonessig • 1 EL feingewiegter Dill • Pfeffer aus der Mühle • Salz.

Beilagen: Kartoffeln, Salat.

Nährwert pro Portion: ca. 450 kcal = ca. 1.850 kJ.

Hilfsmittel: Fettpinsel, Schüsseln, Schneebesen, Backblech, Backpapier, Teigschaber, Elektromesser, Stieltopf, Schlag- oder Porzellanschüssel, Servierplatte.

Zubereitungszeit: ca. 80 Min. **Garzeit:** Fisch: ca. 30 Min.

Zubereitung:
Schleien innen pfeffern. Je einen Stengel der Würzkräuter und ein vom Lorbeerblatt abgebrochenes Stück einlegen. Schleien außen mit Öl bepinseln. Salz in eine große Schüssel geben, Eiweiß mit Schneebesen anschlagen und mit dem Salz vermischen. Backofen auf 200° C vorheizen. Backblech mit Backpapier auslegen. Für jede Schleie ein Salzbett auf dem Papier schaffen. Fische auf das Salzbett legen, mit Salz rundum abdecken. Salzmantel mit Teigschaber glätten. Blech auf mittlerer Schiene in den Ofen schieben. Hitze nach 10 Min. auf 180° C zurückschalten. Salzmantel rundum mit der Spitze des Elektromessers aufschneiden. Deckel abheben. Schleien im Salzmantel auf einer Platte servieren.

Sauce: Im Stieltopf Wasser erhitzen. In Schlagschüssel Eigelb und Butter verschlagen. Schüssel auf den Stieltopf setzen und weiterschlagen, bis die Sauce glatt und cremig wird. Estragonessig und Dill zugeben, mit Pfeffer und Salz abschmecken.

Hinweis:
Anfangs wirkt die Sauce wie geronnen, wird aber nach längerem Schlagen glatt und cremig.

Tip:
Falls die Buttersauce doch einmal gerinnen sollte, 1–2 Messerspitzen Kartoffelmehl und 1 EL kaltes Wasser zugeben.

Schleie mariniert und gebraten

Zutaten für 4 Personen:

4 Schleien (à ca. 350 g) • Mehl • 40 g Butterfett • frisch gemahlener Pfeffer • Salz. Marinade: 50 ml Weinessig • 500 ml halbtrockner Weißwein • 50 ml Wermut • 1 gestr. TL Salz • 3 kleingeschnittene Schalotten • 1 Lorbeerblatt • 1 TL weiße Pfefferkörner • 1 TL Senfkörner. Sauce: 100 ml Malaga-, Madeira- oder Portwein • 200 ml Marinade • 1 Becher Crème fraîche (100 g) • Zitronensaft.

Beilagen: Rösti, Rapunzelsalat.

Nährwert pro Portion: ca. 400 kcal = ca. 1.650 kJ.

Hilfsmittel: Topf, Schüssel, Bratpfanne, Stieltopf, Sieb, Haarsieb.

Zubereitungszeit: ca. 60 Min. **Marinierzeit:** 12–14 Std. **Garzeit:** Fisch: ca. 6–8 Min.

Zubereitung:
Schleimhaut der Schleien kräftig mit Salz abreiben und abspülen. Zutaten für die Marinade in einen Topf geben, ca. 5 Min. kochen, dann erkalten lassen. Fische in eine Schüssel geben, mit der Marinade bedecken. Über Nacht im Kühlschrank einwirken lassen. Fische aus dem Sud nehmen, auf einem Sieb abtropfen lassen. Innen pfeffern, in Mehl wenden. Backofen auf 80° C vorheizen. Butterfett in der Pfanne erhitzen, die Schleien braten. Im Backofen warm halten. Überschüssiges Fett aus der Pfanne abgießen. Bratensatz mit dem Wein loskochen, durchgesiebte Marinadenflüssigkeit zufügen, um ein Drittel einkochen. Nochmals durchsieben. Crème fraîche einrühren, mit Pfeffer, Salz und Zitronensaft abschmecken. Fische mit der Sauce und den Beilagen servieren.

Schleie auf Pilz-Sauerkraut

Zutaten für 4 Personen:
2 Schleien (à ca. 800 g) oder 4 Schleien (à ca. 400 g) • Mehl • 50 g Butterfett • 20 g Butter • 500 g Weinsauerkraut • 300 g Mischpilze (frisch, tiefgefrostet oder 200 g aus dem Glas) • 80 g Frühstücksspeck • 1/2 Gemüsezwiebel • 200 ml Sahne • 1 TL Kümmel • 10 Wacholderbeeren • Pfeffer aus der Mühle • Salz.

Beilage: Kartoffelpüree.

Nährwert pro Portion: ca. 600 kcal = ca. 2.500 kJ.

Hilfsmittel: Topf, Bratpfanne, Auflaufform.

Zubereitungszeit: ca. 60 Min. **Garzeit:** Fisch: ca. 2 x 2 Min. + 20 Min.

Zubereitung:
Fische innen salzen und pfeffern. Frühstücksspeck in Würfel, Gemüsezwiebel klein schneiden. Backofen auf 200° C vorheizen. Butter im Topf erhitzen, Pilze mit der Zwiebel darin anschmoren. Frühstücksspeck zufügen und glasig werden lassen. Sauerkraut, Kümmel, Wacholderbeeren und Sahne zugeben und durchmischen. Sauerkraut in die Auflaufform geben. In der Bratpfanne Butterfett erhitzen. Schleien in Mehl wenden und beidseitig goldbraun anbraten. Fische auf das Sauerkraut legen. Auf der mittleren Schiene in den Backofen geben. Nach 10 Min. Hitze auf 180° C herunterschalten. Zum Schluß einige Butterflocken auf die Fische verteilen. Schleien in der Form servieren oder auf einer Platte mit den Beilagen anrichten.

Tip:
Hälfte der Sahne zum Sauerkraut geben, mit dem Rest die Fische während des Garens im Ofen zweimal begießen.

Flußbarsch *(Perca fluvialtilis L.)*
Zander *(Lucioperca lucioperca L.)*

Der **Flußbarsch** (Barsch) wie der Zander (Hechtbarsch) gehören zum Stamm der Barschartigen *(Percomorphi).* Dieser gliedert sich weltweit in mehr als 125 Fischfamilien mit Tausenden von Unterarten. Wie alle Raubfische, weisen auch Barsch und Zander ein gegenüber den Friedfischen festeres, feinaromatisches Fleisch auf, das wegen der relativ geringen Zahl an Gabelgräten von Feinschmeckern hochgeschätzt wird. Der Flußbarsch ist in nahezu allen Gewässern Europas und Nordasiens sowie im Brackwasser der Ostsee anzutreffen. In guten Biotopen kann er bis zu 46 cm lang und bis zu 4 kg schwer werden. Ein ihm im Erscheinungsbild gleicher Artverwandter *(Perca flavescens)* wird in den Seen und Flüssen Nordamerikas gefangen. Typisches Zeichen für die Barschartigen sind die zwei hintereinanderliegenden, beim Flußbarsch überaus stacheligen Rückenflossen, die in einer dornigen Spitze endenden Kiemendeckel und die fest an der Haut ansitzenden kleinen Kammschuppen. Der Laich besteht aus bis zu 2 m langen, bis zu 2 cm breiten Schnüren, die an Unterwasserpflanzen oder Steinen angeklebt werden. Der Schlupf der Jungfische (5–6 mm groß) erfolgt nach 8–10 Tagen.

Weitaus bekannter als der Flußbarsch ist unter Fischliebhabern der **Zander,** ein typisch mitteleuropäischer Fisch. Aufgrund seines länglichen Körpers und seinem für den Nichtfachmann dem Hecht ähnlichen Erscheinungsbild wird er hin und wieder mit diesem verwechselt. Klare optische Unterscheidungsmerkmale zum Hecht sind neben den beiden Rückenflossen eine dunkle, vom Rücken zu den Flanken verlaufende Bänderung. Sein Lebensraum sind nicht zu kalte Seen, Talsperren, langsam

Abweichende regionale Namen, Laichzeiten, Fangzeiten

Barsch
Egli, Heuerling, Buntbarsch, Jagebarsch, Krautbarsch, Tiefenbarsch, Bars, Bersig, Bors, Butzen u.a.

Laichzeit:
März bis Mai

Fangzeit (regional zum Teil abweichend):
Juni bis Februar

Flußbarsch, ein in der Küche vielseitig verwertbarer Fisch, dessen Fleisch von Feinschmeckern hochgeschätzt wird.

Zander
Schill, Schindel, Sandbarsch, Sander, Hechtbarsch, Amaul, Fogosch, Fogas, Zamat u.a.

Laichzeit:
April bis Juni

Fangzeit (regional zum Teil abweichend):
August bis November

fließende Flüsse und deren ins Meer reichende Mündungen. Zander können bis zu 120 cm lang und bis zu 20 kg schwer werden. In Gewässern mit geringem Unterwasserbewuchs werden durch Berufsfischer und Teichwirte für den Zander sogenannte Laichnester angelegt, an denen die Rogner (weibliche Zander) ihren in kleinen Ballen abgesonderten, klebfähigen Laich (Fischeier) befestigen. Verwendet werden hierfür auch die nach Weihnachten eingesammelten abgenadelten Weihnachtsbäume, an deren Ästen die Laichklumpen angeklebt werden. Nach der Befruchtung durch die Milchner (männliche Zander) bewachen diese den Laich bis zum Schlüpfen der Fischlarven, was nach 10–14 Tagen erfolgt.

Zander, ein zur Barschfamilie zählender Fisch, der sich vom Hecht u.a. durch zwei Rückenflossen unterscheidet.

Zander zum Füllen vorbereiten

1. Mit der Küchenschere die Rücken-, Brust- und Bauchflossen abschneiden.

2. Fisch mit dem Wellenmesser von der Schwanzflosse zum Kopf hin schuppen.

3. Den Bauchschnitt mit dem Messer bis zur Schwanzflosse hin erweitern.

Zander zum Füllen vorbereiten

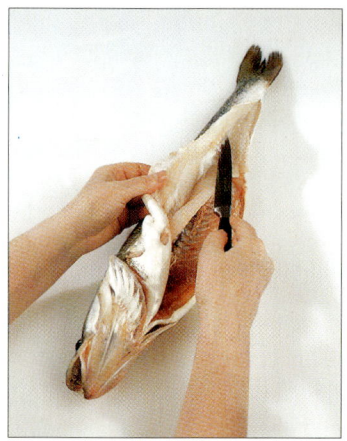

4. Entlang des Rückgrats Fleisch zum Rücken hin vorsichtig ablösen.

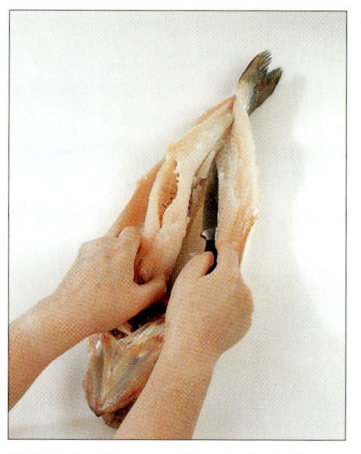

5. Auf der Gegenseite wiederholen, bis das Rückgrat freiliegt.

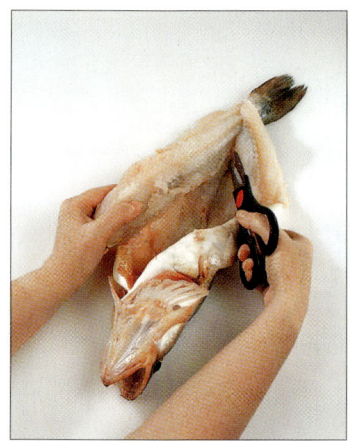

6. Mit der Schere Mittelgräte an Kopf und Schwanz abschneiden.

7. Fleisch mit Löffel von der Mittelgräte sorgfältig abschaben.

8. Ohne die Haut zu verletzen, an ihr hängendes Fleisch abschaben.

9. Entgräteter, ausgeschabter Zander mit Zutaten für die Füllung.

10. Den Zander vom Schwanz zu den Kiemen hin gleichmäßig füllen.

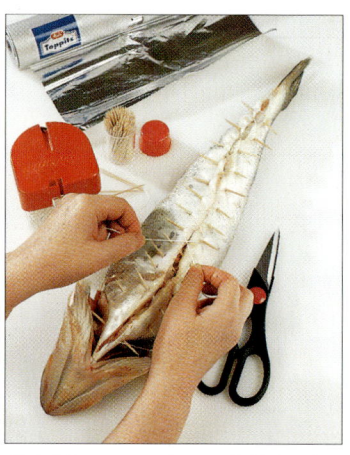

11. Löcher vorstechen, mit Holzzahnstochern und Küchengarn schließen.

12. Gefüllten Zander in Alufolie einschlagen, im Backofen garen.

Flußbarsch mit Kürbissauce

(Foto vorige Seite)

Zutaten für 4 Personen:
4 Flußbarsche (à ca. 450 g) • Zitronensaft • Mehl • 40 g Butterfett • Pfeffer aus der Mühle • Salz. <u>Sauce:</u> 200 g frischer, in Würfel geschnittener Kürbis (ersatzweise Kürbis aus dem Glas) • 300 ml Fischbrühe (ersatzweise Hühnerbrühe) • 40 ml Balsamico-Essig • 1–2 EL Honig • Kartoffelmehl • frisch gemahlener Pfeffer • Salz • Zitronensaft.

Beilagen: Reis, süß-sauer angemachter Salat.

Nährwert pro Portion: ca. 380 kcal = ca. 1.900 kJ.

Hilfsmittel: Küchenschere, Filetiermesser, Tuch, Bratpfanne, Topf, Stieltopf, kleine Auflaufform oder Porzellanschüssel.

Zubereitungszeit: ca. 60 Min. **Garzeit:** Fisch: 2 x 2 Min.

Zubereitung:
Flossen der Barsche abschneiden, Fische schuppen und filetieren (s. S. 18). Haut an den Filets belassen. Filets in große Stücke schneiden. Mit Zitronensaft beträufeln, pfeffern und salzen. In Mehl wenden, zur Seite stellen. Aus den Fischresten eine Brühe (s. S. 132) kochen und durch ein Tuch seihen. Fischbrühe im Stieltopf erhitzen, Honig und Essig einrühren. Sauce mit etwas Kartoffelmehl binden. Mit Pfeffer, Salz und Zitronensaft abschmecken. Die Kürbisstücke in die Sauce geben und einmal aufkochen.

In der Pfanne das Butterfett erhitzen, darin die Filetstücke von beiden Seiten braten. In die Auflaufform geben, heiße Kürbissauce darübergießen und mit den Beilagen servieren.

Hinweise:
Wird süß-sauer eingelegter Kürbis verwendet, dann kann auf die Zugabe des Essigs zur Sauce verzichtet werden.

Kartoffelmehl erreicht starkes Bindevermögen bereits bei Temperaturen zwischen 50° C und 60° C, während Speisestärke (hergestellt aus Mais) hierzu erst aufkochen muß. 1 gestr. TL Kartoffelmehl, in kaltem Wasser aufgelöst, reicht aus, um 300 ml Flüssigkeit sämig zu machen.

Flußbarsch mit Senfsauce

Zutaten für 4 Personen:
4 Barsche (à ca. 450 g) • 3 EL getrocknetes Kochfischgewürz ohne Nelken • 20 g Butter • Pfeffer aus der Mühle • Salz. <u>Sauce:</u> 75 g Butter • 3–4 EL französischer Senf • 150 ml Sahne • 2 hartgekochte Eigelb • 1 EL feingehackte Petersilie • Zitronensaft.

Beilagen: Pellkartoffeln, Chicorée-/Radicciosalat.

Nährwert pro Portion: ca. 580 kcal = 2.400 kJ.

Hilfsmittel: Fischtopf, Stieltopf, Haushaltsschere, Haarsieb.

Zubereitungszeit: ca. 60 Min. **Garzeit:** Fisch: ca. 20 Min.

Zubereitung:
Von den Barschen die Flossen abschneiden. Fische schuppen, abspülen, innen pfeffern und salzen. Im Fischtopf ausreichend Wasser mit Kochfischgewürz und Salz aufkochen, Butter zugeben. Fische in den Sud legen und bei mittlerer Hitze (Wasser sollte noch leicht wellen) garen.

Sauce: Butter im Stieltopf zerlassen, Senf einrühren. Sahne zufügen, Eigelb durch Haarsieb drücken und zur Sauce geben. Alles glattrühren. Mit dem Zitronensaft abschmecken. Vor dem Servieren die Petersilie zufügen. Barsche mit der Sauce und den Beilagen servieren.

Tip:
Hartgekochtes, durch ein Haarsieb gedrücktes Eigelb eignet sich vorzüglich zum Sämigmachen von Saucen. Bleibt bei einer Zubereitung Eigelb übrig, dieses in kochendes Wasser geben, hartgekocht mit einem Schaumlöffel herausseihen und aufheben.

Flußbarsch mit Blattspinat

Zutaten für 4 Personen:
4 Barsche (à ca. 450 g) • Mehl • 30 g Butterfett • 800 g Spinat • 100 g Speck • geriebene Muskatnuß • Pfeffer aus der Mühle • Salz.

Beilage: Speckkartoffeln.

Nährwert pro Portion: ca. 625 kcal = ca. 2.600 kJ.

Hilfsmittel: Küchenschere, Bratpfanne, kleine Pfanne, Topf, Stieltopf, Schaumlöffel, Sieb, Sieblöffel.

Zubereitungszeit: ca. 60 Min. **Garzeit:** Fisch: ca. 10 Min.

Zubereitung:
Mit der Küchenschere die Bauch- und Rückenflossen von den Barschen abschneiden. Fische schuppen, innen und außen mit Pfeffer und Salz würzen, kalt stellen. Vom Spinat Stengel entfernen. Blätter in Salzwasser abbrühen, mit dem Schaumlöffel herausheben, auf Sieb geben und kalt abspülen. Speckstücke in Würfel schneiden. Hälfte des Specks im Stieltopf zerlassen, Spinat zugeben, mit Muskat, Pfeffer und Salz würzen. Fische in Mehl wenden. Fett und restlichen Speck in der Bratpfanne erhitzen, Speckgrieben mit dem Sieblöffel herausnehmen. Fische bei zurückgeschalteter Hitze braten.

Speckkartoffeln:
Pellkartoffeln kochen, schälen. 100 g gewürfelten Frühstücksspeck zerlassen, über die Kartoffeln geben.

Flußbarschfilet mit Pfifferling-Rahmsauce

Zutaten für 4 Personen:
4 Flußbarsche (à ca. 450 g) • 50 g Butterschmalz • Zitronensaft • Mehl • frisch gemahlener Pfeffer • Salz. <u>Sauce:</u> 400 g frische oder gefrostete Pfifferlinge (ca. 200 g aus der Dose) • 30 g Butterschmalz • 2 kleingeschnittene Schalotten • 100 ml Hühnerbrühe (darf Instant sein) • 200 ml Sahne • 1 EL Schnittlauchröllchen • Pfeffer aus der Mühle • Salz.

Beilagen: Spätzle, Broccoli.

Nährwert pro Portion: ca. 600 kcal = ca. 2.500 kJ.

Hilfsmittel: Bratpfanne, Küchenschere, Filetiermesser, Stieltöpfe, Haarsieb.

Zubereitungszeit: ca. 60 Min. **Garzeit:** Fisch: 2 x 2 Min.

Zubereitung:
Flossen von den Barschen abschneiden. Fische filetieren (s. S. 18). Filets mit Zitronensaft beträufeln, mit Pfeffer und Salz würzen, in Mehl wenden. Kühl stellen.

Sauce: Pilze – sofern erforderlich – putzen. Pilzabfälle beiseite stellen. Im Stieltopf Butterschmalz erhitzen, Pilze mit den Schalotten darin anschmoren. Hühnerbrühe zugießen, bei milder Hitze 5 Min. köcheln. Angefallene Pilzabfälle auf Sieb abspülen, separat in zusätzlichem Butterschmalz anbraten, Sahne zugießen, aufkochen. Sahne durch Haarsieb zu den Pilzen gießen. Sauce cremig einkochen. Mit Pfeffer und Salz abschmecken. Vor dem Servieren Schnittlauchröllchen zugeben.

In der Pfanne Butterschmalz erhitzen. Filets darin goldgelb backen. Mit der Sauce und den Beilagen servieren.

Hinweise:
Pfifferlinge gehören zu jenen Pilzen, die ihre aromatischen Öle erst bei einer Temperatur von ca. 150° C freisetzen. Deswegen müssen sie in heißem Fett angeschmort werden, bevor man sie weiterverarbeitet. Dies gilt auch für Pfifferlinge aus dem Glas, da diese kurzfristig nur bis 110° C erhitzt wurden. Gefrostete Pfifferlinge gibt man unaufgetaut in heißes Fett (Vorsicht: Spritzgefahr!) oder zuerst in kochendes Wasser und nach dem Abtropfen in heißes Fett.

Pilzabfälle aromatisieren jede Sauce, wenn sie im Sieb abgespült und hinterher in Sahne oder Wasser aufgekocht werden. Die abgeseihte Flüssigkeit kommt dann zur Sauce.

Flußbarschfilet aus dem Dillsud

Tip:
Um selbst hergestellte Gewürzbutter in die Form einer Rolle zu bekommen, von der man später Scheiben abschneiden kann, wie folgt verfahren: Von einer Gebäckspritze den unteren und oberen Teil abschrauben. Mittelteil auf ein Stück Alufolie aufsetzen, Butter hineinfüllen und fest zusammendrücken. In den Tiefkühlschrank legen, später Rohr mit heißem Tuch umwickeln, die Butterrolle herausdrücken, in Alufolie einschlagen und kühl halten.

Zutaten für 4 Personen:
4 Barsche (à ca. 450 g) • Zitronensaft • 1 TL Butter • 6 Stengel Dill • 3 Schalotten • Scheiben einer unbehandelten Zitrone • 10–12 weiße Pfefferkörner • Pfeffer aus der Mühle • Salz. Dillbutter: 100 g Butter • 2 EL feingewiegter Dill • Pfeffer • Salz.

Beilagen: Naturreis, Blattsalat.

Nährwert pro Portion: ca. 450 kcal = ca. 1.900 kJ.

Hilfsmittel: Küchenschere, Filetiermesser, Fischtopf mit Einsatz, Schüssel, Gabel.

Zubereitungszeit: ca. 50 Min. **Garzeit:** Fisch: ca. 4 Min.

Zubereitung:
Flossen von den Barschen abschneiden und diese filetieren (s. S. 18). Filets mit Zitronensaft beträufeln. Schalotten häuten und in Scheiben schneiden. Im Fischtopf Wasser mit dem Butterstück, Dill, Zitronenscheiben, Pfefferkörnern und den Schalotten aufsetzen und aufkochen. 4–5 Min. ziehen lassen. Fischfilets auf dem Einsatz in den Sud geben und garziehen lassen.

Dillbutter:
Auf Zimmertemperatur erwärmte Butter in eine Schüssel geben, Dill zufügen, pfeffern und salzen. Alles mit einer Gabel gut durcharbeiten.

Gefüllter Zander

(Foto vorige Seite)

Zutaten für 4 Personen:
1 Zander (ca. 1.500 g, ausgenommen) • 40 g Sellerieknolle • 1 kleine Zwiebel • 1 mittelgroße Mohrrübe • etwas Grün vom Porree • 2 Eiweiß • Pfeffer aus der Mühle • Salz • Butter. Sauce: *20 g Butter • Abfälle vom Fisch (ohne Kiemen) • 1 feingeschnittene Zwiebel • 1/2 Bund Petersilie • 1/2 Stange Porree • 1 Stück Sellerieknolle • 1 Mohrrübe • 300 ml trockener Weißwein (Riesling) • je 1 Zweig Estragon und Kerbel • 1 Lorbeerblatt • 50 ml Sahne • Kartoffelmehl • frisch gemahlener Pfeffer • Salz • Zitronensaft.*

Beilagen: Pellkartoffeln, gedünstete Streifen von Mohrrübe, Sellerie und Lauch.

Nährwert pro Portion: ca. 360 kcal = ca. 1.500 kJ.

Hilfsmittel: kleines, scharfes Messer, Eßlöffel, Schüssel, Spicknadel, Holzzahnstocher, Küchengarn, Alufolie, Bratfolie, Fettpfanne, Topf, Haarsieb, Servierplatte.

Zubereitungszeit: 90 Min. **Garzeit:** Fisch: 35–40 Min.

Zubereitung:
Den Zander für die Füllung vorbereiten (s. S. 55). Alles Fleisch in kleine Stücke schneiden und in eine Schüssel geben. Sellerie, Zwiebel, Mohrrübe und Porreegrün putzen und in kleine Stücke schneiden. Mit dem Zanderfleisch vermischen. Das Eiweiß unter die Masse arbeiten. Mit Pfeffer und Salz würzen. Die Masse in die Fischhaut füllen, Löcher mit Spicknadel vorstechen und den Fisch mit Zahnstochern und Küchengarn schließen. Backofen auf 180° C vorheizen. Ein großes Stück Alufolie mit Butter bestreichen, den Fisch aufsetzen, die Seiten der Folie hochheben und durch Umknicken schließen. Den Fisch in die Bratfolie geben, etwas Wasser hineingießen, verschließen und auf dem Rost mit untergeschobener Fettpfanne im Backofen garen. Fisch aus der Bratfolie nehmen, für 15 Min. beiseite stellen. Die Alufolie entfernen, den Zander auf eine Platte geben und bei Tisch tranchieren.

Sauce: Im Topf die Butter erhitzen, darin die Zwiebel andünsten. Die Fischabfälle, das kleingeschnittene Gemüse und die Kräuter zugeben und den Saft ziehen lassen. Mit Weißwein auffüllen und ca. 15 Min. bei milder Hitze köcheln lassen. Den Fond durch ein Sieb gießen, die Sahne zufügen und aufkochen lassen, mit Kartoffelmehl leicht binden. Mit Pfeffer, Salz und Zitronensaft abschmecken.

Hinweis:
Das Einschlagen in Alufolie verhindert, daß der Fisch beim Garen auseinanderfällt. Durch das Einsetzen in die Bratfolie und die Zugabe von Wasser wird ein Dampfbad erzeugt. Die umgebende feuchte Luft wirkt wie ein Wasserbad und verhindert, daß die Fischhaut an der Alufolie anbäckt. Dazu würde es nämlich kommen, wenn der Fisch, nur auf ein Blech gesetzt, im Backofen gegart wird.

Gefüllte Zanderschnitten

Hinweis:
Optimal ist, wenn die Filetstücke von einem großen Zander stammen. Sie werden mit der Außenseite (Hautseite) gegeneinandergelegt, da diese keine gewölbte Oberfläche aufweist. Während des Garens wird ein Teil des Käsegemisches „ausgeschwitzt" und verbindet sich mit dem Rotwein zu einer köstlichen Sauce.

Zutaten für 4 Personen:
600 g Zanderfilet (2 Stück à 300 g) • 100 g Schimmelkäse (Gorgonzola o.ä.) • 2 EL Crème fraîche • 1 EL gehackte Petersilie • 200 g saftiger, hauchdünn in Scheiben geschnittener Frühstücksspeck (bacon) • 150 ml trockener Rotwein • frisch gemahlener Pfeffer.

Beilagen: Butternudeln, Blattsalat.

Nährwert pro Portion: ca. 650 kcal = ca. 2.700 kJ.

Hilfsmittel: Schüssel, Auflaufform, Elektromesser.

Zubereitungszeit: ca. 60 Min. **Garzeit:** Fisch: ca. 30–45 Min. (abhängig von der Filetstärke).

Zubereitung:
Käse mit der Crème fraîche und der Petersilie in der Schüssel mit einer Gabel durchkneten. Filets pfeffern. Backofen auf 200° C vorheizen. Auflaufform mit den Scheiben des Frühstücksspecks auskleiden. Dabei die Scheiben so einlegen, daß sie sich in der Mitte und zueinander überlappen und seitlich über den Rand hängen. Filets leicht pfeffern. Ein Filet auflegen. Auf ihm das Käsegemisch verteilen. Zweites Filet auflegen. Mit dem Speck abdecken. Form in den Backofen (mittlere Schiene) setzen. In Abständen von 5 Min. den Speck mit Rotwein beträufeln. Nach 10 Min. Garzeit Temperatur auf 180° C zurückschalten. In der Auflaufform servieren. Filetstücke mit dem Elektromesser in Scheiben schneiden.

Tip:
Um zu vermeiden, daß der Frühstücksspeck zu kroß wird, kann die Garzeit im Backofen um 10 Min. abgekürzt werden. Dafür kommt die Auflaufform für 3–4 Min. zum Nachgaren des Fisches in die Mikrowelle.

Zander gegrillt

Zutaten für 4 Personen:
800 g Zanderfilet (4–6 Stück) • frisch gemahlener Pfeffer • Salz • Pflanzenöl. <u>Sauce:</u> 50 g Butter • 1 feingehackte Schalotte • 50 ml trockener Weißwein • 150 ml Sahne • 1 EL frischgehackte Basilikumblätter • Pfeffer aus der Mühle • Salz • Zitronensaft.

Beilagen: Folienkartoffeln mit Schmand, Prinzeßbohnen.

Nährwert pro Portion: ca. 500 kcal = ca. 2.100 kJ.

Hilfsmittel: Grill, Fettpinsel, 2 Stieltöpfe.

Zubereitungszeit: ca. 40 Min. **Grillzeit:** Fisch: 5–8 Min.

Zubereitung:
Die Filets pfeffern und salzen, Filets und Grillrost mit Öl bepinseln. Grill vorheizen. Filets auf den Rost setzen und grillen. Zwischendurch einmal wenden.

Sauce: Butter im Stieltopf zerlassen. Schalotte glasig andünsten. Weißwein zugießen und einkochen. Im Stieltopf Sahne erhitzen und zugießen. Sauce cremig einkochen. Mit Pfeffer, Salz, Zitronensaft abschmecken. Vor dem Servieren kleingeschnittene Basilikumblätter in die Sauce geben.

> **Hinweis:**
> Enthält eine mit süßer Sahne anzureichernde Sauce saure Bestandteile (Wein, Essig, Zitrone, Säure von Früchten), dann sollte die zuzufügende Sahne zuvor erhitzt werden, damit sie in der Sauce nicht gerinnt.

> **Tip:**
> Damit die Sahne in der Sauce beim Aufkochen nicht zusehr aufschäumt und überkocht, den Topf nur zur Hälfte auf der Feuerstelle belassen, so daß zwei Temperaturzonen entstehen. Die Sauce wellt dann von der heißen zur kälteren Seite. Werden die sichtbaren Blasen klein, ist die richtige Sämigkeit der Sauce erreicht. Übrigens: Statt der Sauce kann auch Kräuterbutter gereicht werden.

Zander aus dem Bratrohr

Zutaten für 4 Personen:
1 küchenfertiger Zander (ca. 1.200 g) • Zitronensaft • 40 g Butterschmalz • frisch gemahlener Pfeffer • Salz. <u>Sauce:</u> 250 ml Sahne • 2 EL frischgeriebener Meerrettich • 2 hartgekochte Eier • 30 ml Eierlikör • Pfeffer aus der Mühle • Salz • rote Pfefferkörner.

Beilagen: Reis, Endiviensalat.

Nährwert pro Portion: ca. 600 kcal = ca. 2.500 kJ.

Hilfsmittel: Schüsseln, Stieltopf, Fettpinsel, Fettpfanne oder Kuchenblech.

Zubereitungszeit: ca. 60 Min. **Garzeit:** Fisch: ca. 30 Min.

Zubereitung:
Backofen auf 160° C vorheizen. Zander innen und außen mit Zitronensaft beträufeln, pfeffern und salzen. Butterschmalz im Stieltopf zerlassen. Fettpfanne mit zerlassenem Butterschmalz einpinseln. Zander auflegen, mit Butterschmalz einpinseln, auf mittlerer Schiene in den Backofen schieben. Nach 5 Min. mit Fett einpinseln. Nach 10 Min. und 20 Min. Garzeit Zander nochmals mit Fett bestreichen.

Sauce: 50 ml Sahne in kleine Schüssel geben und mit dem frischgeriebenen Meerrettich verrühren. Eier schälen und klein hacken. Restliche Sahne in eine Schüssel geben, mit den Eiern und dem Eierlikör vermischen, pfeffern und salzen. 5 Min. vor Ende der Garzeit die Sauce über den Fisch gießen. Fisch auf eine Platte setzen, mit roten Pfefferkörnern bestreuen. Sauce in der Fettpfanne mit der Meerrettichsahne vermischen, in eine Sauciere gießen, rote Pfefferkörner aufstreuen.

Hecht *(Esox lucius L.)*

In der Systematik der Fische bilden **Hechte** *(Esocidae)* eine eigene, sich in sechs Arten verzweigende Familie. Neben dem **europäischen Hecht** *(Esox lucius),* der auch in Seen und Flüssen Asiens und Nordamerikas beheimatet ist, gibt es den **Amurhecht** *(Esox reicherti Dyb.),* den **Schwarzhecht** *(Esox niger Le Sier),* den **Musky** *(Esox maskinongy),* den **Rotflossenhecht** *(Esox americanus Gmelin)* und den **Grashecht** *(Esox vermiculatus Le Sier),* auch **Schlammhecht** genannt. Der Amurhecht wird im Amur und dessen Nebenflüssen sowie in den Gewässern der Insel Sachalin gefangen, während Schwarzhecht, Musky, Rotflossen- und Grashecht nur in Flüssen und Seen Nord- und Mittelamerikas anzutreffen sind. Größter unter ihnen ist der Musky, der bis zu 2 m lang und über 35 kg schwer werden kann. Ihm nahezu gleichrangig sind der europäische Hecht und der Amurhecht. Beide erreichen ebenfalls Längen bis zu 2 m und Gewichte bis zu 35 kg. Klein sind hingegen Schwarzhecht (bis 50 cm lang, 3-4 kg schwer), Rotflossen- und Grashecht (bis 30 cm lang, um 1 kg schwer). Hechte sind überaus gefräßige Raubfische, die sich alles schnappen, was ihnen freßbar und von der Größe her vertilgbar erscheint (einschließlich Enten- und Gänseküken). Sie haben einen schlanken Körper mit langem, an einen Entenschnabel erinnernden Kopf und einer weit zurückgesetzten großen Rücken- und Afterflosse. Ihr Lebensraum sind Gewässer mit krautreichen Ufern, in deren Schutz sie auf Beutefische lauern. Der klebrige Laich wird in den Frühjahrsmonaten im Flachwasser an Pflanzen und Gräsern abgelegt. Jungfische schlüpfen, abhängig von der Wassertemperatur, nach anderthalb bis vier Wochen. In der Küche geschätzt ist das kernige, hocharomatische Fleisch der Hechte, wobei „je größer, je besser" gilt. Da recht grätenreich, kommt es meist filetiert oder zu „Hechtklößchen" verarbeitet auf den Tisch. Unter Fischern gilt der Hecht als „Karfreitagsfisch", da bestimmte Kopfknochen und -knorpel mit ein wenig Fantasie als „Kreuzigungsinsignien" (Kreuz, Dornenkrone, drei Nägel, Lanze, Kreuze der beiden Schächer) gedeutet werden können.

Abweichende regionale Namen, Laichzeiten, Fangzeiten

Hecht
Heekt, Hengste, Schnock, Schnöck, Schnuck, Sticker, Wasserwolf, Junghecht, Grashecht, Schnäbele

Laichzeit:
Februar bis April

Fangzeit (regional zum Teil abweichend):
Mai bis Dezember

Im abgekochten Kopf des Hechtes sind zu finden: Dornenkrone (2. Rückenwirbelknochen mit Verankerungsgräten), großes Kreuz und Lanze (Oberkieferknorpel und -knochen), drei Nägel (Knochen im Oberkopf), zwei kleine Kreuze (Knochen im Kiefergelenk).

Typisch für den Hecht: weit zurückgesetzte Rücken- und Afterflosse und ein entenschnabelförmiger Kopf.

Hecht küchenfertig machen

1. **Hecht entgräten:** Fleisch an den Bauchgräten abschneiden.

2. Mit Messer entlang der Gräten bis zum Rückgrat schneiden.

3. Rückgrat am Kopf und Schwanz mit der Schere durchtrennen.

4. Das Rückgrat fassen und aus dem Hecht herausziehen.

5. Hecht innen mit Pfeffer, Salz und Kräutern kräftig würzen.

6. Speckstreifen auf Spicknadel stecken und den Hecht spicken.

1. **Im Schweinenetz:** Gerippe auf das Netz legen, mit Fülle belegen.

2. Hecht im Netz auf andere Seite drehen, Fülle auftragen.

3. Einschlagen, auf mit Backpapier ausgelegte Fettpfanne setzen.

Gespickter Hecht

Zutaten für 4 Personen:
1 Hecht (ca. 1.300 g) • 50 g geräucherter fetter Speck • je 1 Zweig Estragon, Dill, Petersilie • 1 EL Schnittlauchröllchen • frisch gemahlener Pfeffer • Salz. <u>Sauce:</u> 50 g Frühstücksspeck • 50 g fetter geräucherter Speck • 1 kleine Zwiebel • 1 TL Mehl • 50 ml Weißwein • 100 ml Ananassaft aus der Dose • Petersilie.

Beilagen: Speckkartoffeln, Ananaskraut.

Nährwert pro Portion: ca. 500 kcal = 2.100 kJ.

Hilfsmittel: Spicknadel, Fettpfanne, Backpapier, Stieltopf, Schaumlöffel, Löffel, kleine Schüssel.

Zubereitungszeit: ca. 80 Min. **Garzeit:** Fisch: ca. 25–30 Min.

Zubereitung:
Hecht schuppen, Rücken-, Brust- und Bauchflossen abschneiden, durch den Bauch entgräten (s. S. 69). Backofen auf 200° C vorheizen. Kräuter klein schneiden. Hecht innen mit Pfeffer und Salz würzen, Kräuter in die Bauchhöhle geben. Speck in dünne Streifen schneiden. Fisch beidseitig damit spicken. Auf die mit Backpapier ausgelegte Fettpfanne setzen und auf der mittleren Schiene in den Backofen schieben. Nach 10 Min. die Temperatur auf 180° C herunterschalten.

Sauce: Frühstücksspeck in kleine Stücke, fetten Speck in Würfel schneiden. Zwiebel klein schneiden. Im Stieltopf zuerst den fetten Speck auslassen, dann Frühstücksspeck zugeben und glasig werden lassen. Speckstücke und etwas Fett aus dem Topf nehmen, in eine kleine Schüssel geben (kommt später über die heißen Kartoffeln). Zwiebel in das Speckfett geben und glasig werden lassen. Mehl darüberstreuen. Weißwein aufgießen, aufkochen lassen. Ananassaft zugeben, nochmals erhitzen. Vor dem Servieren feingehackte Petersilie zufügen.

Hecht im Apfelwein-Gemüsesud

Zutaten für 4 Personen:
4 Hechtfilets (à 150–200 g) • 250 ml Apfelwein • 250 ml Gemüsebrühe (darf Instant sein) • 1 Stück Stangenzimt • 3 Gewürznelken • 1 Zwiebel • 1 Lorbeerblatt • 2 süßsaure Äpfel (z.B. Boskop) • Schale von einer halben unbehandelten Zitrone • 50 g Sultaninen • Zucker • Zitronensaft • Pfeffer aus der Mühle • Salz • Kartoffelmehl.

Beilage: Kartoffel-Apfel-Gratin.

Nährwert pro Portion: ca. 450 kcal = ca. 1.850 kJ.

Hilfsmittel: ovaler Fischtopf oder Bräter, Schaumlöffel.

Zubereitungszeit: ca. 40 Min. **Garzeit:** Fisch: ca. 8–10 Min.

Zubereitung:
Apfelwein und Gemüsebrühe mit geschälter geviertelter Zwiebel, Stangenzimt, Nelken und Lorbeerblatt im Fischtopf aufkochen, 3 Min. ziehen lassen. Zwiebel, Stangenzimt, Gewürznelken und Lorbeer mit dem Schaumlöffel herausnehmen. Hechtstücke pfeffern und salzen, in den Sud legen. Bei mittlerer Hitze garziehen lassen. Äpfel schälen, entkernen und in Stücke schneiden. Zitronenschale in Streifen schneiden. Zusammen mit den Äpfeln und den Sultaninen zum Hecht geben. Nach Ende der Garzeit Fischstücke herausheben und auf eine Platte setzen. Sauce etwas einkochen, mit Zucker, Zitronensaft, Pfeffer, Salz abschmecken, mit Kartoffelmehl binden. Ein Teil der Sauce über die Hechtstücke gießen, den Rest separat servieren.

Kartoffel-Apfel-Gratin:
500 g Pellkartoffeln und drei geschälte, entkernte Äpfel (z.B. Boskop) in Scheiben schneiden. Apfelscheiben mit Zitronensaft beträufeln. 1 Stück Porree in Ringe schneiden. Kartoffel- und Apfelscheiben wechselweise in eine Auflaufform setzen. Mit geriebener Muskatnuß, Pfeffer, Salz würzen. 250–300 ml Sahne zugießen. Porree auf der Form verteilen. Im auf 180° C vorgeheizten Backofen ca. 40 Min. garen.

Hechtfilet auf Tomaten / Paprika

Hinweis:
Entfernt man vor ihrer Verarbeitung aus den der Länge nach halbierten Knoblauchzehen den inneren, meist etwas grünlich schimmernden Kern, dann ist der Knoblauch besser bekömmlich, und man riecht hinterher nicht sosehr nach ihm.

Zutaten für 4 Personen:
4 Hechtfilets (à ca. 150 g) • 50 ml Olivenöl • 3–4 Gemüsetomaten • 2 grüne Paprika • 150 ml Weißwein • 1 Schalotte • 1/4 Knoblauchzehe • frisch gemahlener Pfeffer • Salz • Kartoffelmehl.

Beilage: Reis.

Nährwert pro Portion: ca. 300 kcal = ca. 1.250 kJ.

Hilfsmittel: ovaler Fischtopf oder kleiner Bräter mit Deckel, Fischheber, Schaumlöffel, Stieltopf, Schüsseln, Kartoffelschäler, Küchensieb, Haarsieb.

Zubereitungszeit: ca. 50 Min. **Garzeit:** Fisch: ca. 10 Min.

Zubereitung:
Gemüsetomaten im kochenden Wasser brühen, auf ein Sieb geben, häuten, in sechs Teile schneiden und entkernen. Kerne beiseite stellen. Paprika schälen, entkernen und in dünne Streifen schneiden. Paprikaschalen zu den Tomatenkernen geben. Hechtfilets pfeffern und salzen. Fischtopf aufheizen, 30 ml Öl darin erhitzen. Tomaten und Paprika auf dem Boden verteilen, pfeffern und salzen. Fischfilets auf das Gemüse legen, Wein angießen und bei geschlossenem Deckel und geminderter Temperatur schmoren. Schalotte klein schneiden, Knoblauchzehe in Salz zerdrücken. Im Stieltopf restliches Öl erhitzen, darin Schalotte anschmoren. Tomatenkerne, Paprikaschalen und Knoblauch zufügen und aufkochen. 3 Min. köcheln lassen. Topfinhalt durch Haarsieb drücken und zum Fisch geben. Ist dieser gar, Filets herausnehmen. Reis und mit dem Schaumlöffel herausgenommenes Tomaten-Paprika-Gemüse auf einer Platte anrichten, Filets aufsetzen und servieren. Schmorsud mit Kartoffelmehl leicht andicken, mit Pfeffer, Salz abschmecken und als Sauce separat reichen.

Hecht im Schweinenetz

(Foto vorige Seite)

Zutaten für 4 Personen:
1 Hecht (ca. 1.300 g) • 40 g entrindetes Weißbrot • 100 ml Sahne • 2 Eiweiß • 60 g geriebener Parmesankäse • 50 g Semmelbrösel • 3 EL Sardellenpaste • 1 EL feinegewiegte Petersilie • 1 TL gemahlene Kräuter der Provence • Pfeffer aus der Mühle • Salz • 1 Schweinenetz • Essig. <u>Sauce:</u> 2 feingeschnittene Schalotten • 20 g Butter • 1 EL Mehl • 100 ml trockener Weißwein • 200 ml Fischsud (darf auch Hühnerbrühe sein) • 1 EL Sardellenpaste • Pfeffer • Salz • 10 ml Zitronensaft • Zucker.

Beilagen: Teigwaren, grüner Salat.

Nährwert pro Portion: ca. 450 kcal = ca. 1.850 kJ.

Hilfsmittel: Fettpfanne, Küchenmaschine mit Mixmesser, Passiersieb mit feiner Scheibe, Schüsseln, Teigschaber, Backblech, Backpapier, Stieltopf, Haarsieb.

Zubereitungszeit: ca. 75 Min. **Garzeit:** Fisch: ca. 20–25 Min.

Zubereitung:
Schweinenetz in Essigwasser wässern. Weißbrot im Mixer zerreiben, in eine Schüssel geben. Hecht schuppen, Flossen entfernen, filetieren (s. S. 18). Den Fischrumpf beiseite stellen. Aus den Filets die Gräten herausschneiden. Filets häuten. Fleisch in Stücke schneiden, in eine Schüssel geben und im Gefrosterfach 5 Min. kühlen. Hechtfleisch pfeffern und salzen, mit Sahne und Eiweiß im Mixer pürieren. Durch Passiersieb in eine Schüssel streichen, erneut 5 Min. kühlen. Hechtmus mit zerriebenem Weißbrot, Sardellenpaste, Kräutern der Provence, der Hälfte des Parmesans und der Semmelbrösel sowie der Petersilie gut durchmengen. Backofen auf 200° C vorheizen. Schweinenetz auslegen, den Fischrumpf auflegen, Hälfte der Fischmasse darauf so verteilen, daß wieder ein Fischkörper entsteht (s. S. 69). Mit angefeuchtetem Teigschaber glattstreichen. Netz über den Fisch klappen und ihn auf die beschichtete Seite legen. Restliche Masse auf dem Fisch verteilen und glattstreichen. Fisch ins Schweinenetz einschlagen, mit der Bauchseite auf die mit Backpapier ausgelegte Fettpfanne setzen. Auf der mittleren Schiene in den Backofen schieben. Restlichen Parmesan und Semmelbrösel mischen. Nach 10 Min. Garzeit den Hecht damit bestreuen. Temperatur auf 180° C herunterschalten und den Fisch fertig garen. Auf eine Platte setzen, mit den Teigwaren anrichten.

Sauce: Schalotten klein schneiden. Butter im Stieltopf zerlassen, darin die Schalotten glasig dünsten. Mit Mehl bestreuen und gut durchrühren. Weißwein und Fischsud angießen, aufkochen und ca. 4 Min. köcheln lassen. Sauce mit Sardellenpaste, Pfeffer, Salz, Zitronensaft und Zucker aromatisieren. Vor dem Servieren durch ein Haarsieb gießen.

Hinweis:
Damit die in das Fischmus eingearbeitete Petersilie auch nach dem Garen noch grün ist, die Blätter vor dem Kleinschneiden in kochendem, mit etwas Natron angereichertem Wasser überbrühen, ausseihen und kalt abspülen.

Tip:
Damit der Fisch beim Aufsetzen auf die Platte nicht bricht, ihn mit der Backfolie auf die Platte heben. Dann die Backfolie an einer Seite bis an den Fisch heran abschneiden und von der anderen Seite unter dem Fisch vorsichtig herausziehen.

Hechtklößchen in Dillrahm

Zutaten für 4 Personen:
600 g Hechtfleisch • 150 ml Sahne • 2 Eiweiß • 1 EL feingehackter Dill • Pfeffer aus der Mühle • Salz. <u>Sauce:</u> *20 g Butter • 1 feingeschnittene Schalotte • 50 ml trockener Weißwein • 300 ml Hechtbrühe • 300 ml Sahne • Pfeffer aus der Mühle • Salz • Zitronensaft • 1 EL feingeschnittener Dill.*

Beilagen: Reis, Salzkartoffeln, Gurkensalat.

Nährwert pro Portion: ca. 575 kcal = ca. 2.400 kJ.

Hilfsmittel: Küchenmaschine mit Mixmesser, Porzellan- oder Glasschüssel, Passiersieb, kleine Schüssel, Handrührstab, 2 Eßlöffel, Kochtopf, Haarsieb, Bratentopf, Alufolie.

Zubereitungszeit: ca. 90 Min. **Garzeit:** Fisch: ca. 3–4 Min.

Zubereitung:
Den Hecht filetieren (s. S. 18), Gräten entfernen, häuten. Fleisch in Stücke schneiden, in die Schüssel geben und im Tiefkühlfach 5 Min. kühlen. Fischreste klein schneiden, in einen Topf geben, mit Wasser bedecken und eine Brühe auskochen. Diese durch ein Haarsieb gießen. Hechtfleisch im Mixer unter Zugabe von 100 ml Sahne, Pfeffer und Salz pürieren. Masse durch Passiersieb streichen, 5 Min. kühlen. Eiweiß steif schlagen. Restliche Sahne, das Eiweiß und den feingewiegten Dill in die Masse einarbeiten. Mit in heißes Wasser getauchten Löffeln Klößchen formen. In der heißen Hechtbrühe garziehen lassen. Herausnehmen, auf einen Teller geben, mit Alufolie abdecken.

Sauce: Bratentopf erhitzen, Butter hineingeben, Schalotte zufügen und glasig dünsten. Wein zugießen und einkochen. 300 ml Hechtbrühe durch Haarsieb zugießen, aufkochen. Sahne separat erhitzen und zufügen. Flüssigkeit cremig einkochen. Mit Pfeffer, Salz, Zitronensaft abschmecken. Dill einrühren, Hechtklößchen in die Sauce geben und erwärmen. Mit den Beilagen servieren.

Hecht mit Erbsenpüree

Zutaten für 4 Personen:
4 Hechtfilets (à 150–200 g) • 40 g Butterschmalz • 2 Eigelb • Mehl • frisch gemahlener Pfeffer • Salz. <u>Hechtbrühe:</u> Fischreste • 30 g Butter • 100 ml Weißwein • je 1 Stück kleingeschnittene Sellerieknolle, Porree, Mohrrübe, Petersilienwurzel, Zwiebel • 1 Lorbeerblatt • 10–12 weiße Pfefferkörner • Salz. <u>Erbsenpüree:</u> 300 g grüne Erbsen (Tiefkühlkost) • 30 g Butter • 200 g gekochte Kartoffeln • Pfeffer aus der Mühle • Salz. <u>Sauce:</u> 20 g Butter • 1 kleingeschnittene Schalotte • 300 ml Hechtbrühe • Kartoffelmehl • Zitronensaft • frisch gemahlener Pfeffer • Salz • 50 ml Madeira.

Beilage: Krautsalat.

Nährwert pro Portion: ca. 500 kcal = ca. 2.100 kJ.

Hilfsmittel: Bratpfanne, Kochtöpfe, Stieltopf, Passiersieb, Haarsieb.

Zubereitungszeit: ca. 60 Min. **Garzeit:** Fisch: ca. 4–6 Min.

Zubereitung:
Hecht schuppen, Flossen abschneiden, filetieren, Haut am Fleisch belassen (s. S. 18). Filets in Stücke schneiden, pfeffern und salzen. In Eigelb und Mehl wenden. Aus Fischresten und Wurzelgemüse, angereichert mit Pfefferkörnern und etwas Salz, eine Brühe kochen. Im Topf Butter zerlassen, Erbsen darin anschmoren. Diese mit den Kartoffeln durch das Passiersieb drehen. Püree mit Pfeffer und Salz würzen, im Topf warm halten.

Sauce: Im Stieltopf Butter erhitzen, darin Schalotte andünsten. Durch Haarsieb gegossene Hechtbrühe zugeben, aufkochen. Mit Pfeffer, Salz, Zitronensaft, Madeira abschmecken. Mit Kartoffelmehl leicht binden.

In der Bratpfanne Butterschmalz erhitzen, Filetstücke beidseitig braten. Mit Erbsenpüree und Sauce servieren.

Hecht im Champignonbett

Zutaten für 4 Personen:
1 Hecht (ca. 1.200 g) • 30 ml Olivenöl • 300 g frische, kleine Champignons • 1 Mohrrübe • 60 g Frühstücksspeck • 1 Schalotte • 100 ml trockener Weißwein • 4 Zweige feingeschnittene Petersilie • Sauce: Pilzabfälle • Mohrrübenschalen • 20 g Butter • 100 ml Sahne • Pfeffer aus der Mühle • Salz • Kartoffelmehl.

Beilage: Kartoffelpüree.

Nährwert pro Portion: ca. 400 kcal = ca. 1.650 kJ.

Hilfsmittel: Schüssel, Bratfolie, Stieltopf, Küchensieb, Haarsieb, Servierplatte.

Zubereitungszeit: ca. 50 Min. **Garzeit:** Fisch: ca. 30 Min.

Zubereitung:
Hecht schuppen, abspülen, innen salzen und pfeffern, rund binden (s. S. 15). Backofen auf 180° C vorheizen. Champignons putzen und in eine Schüssel geben. Pilzreste beiseite stellen. Mohrrübe schälen, in dünne Scheiben schneiden. Mohrrübenschalen zu den Pilzresten geben. Frühstücksspeck in kleine Streifen, Schalotte in kleine Stücke schneiden. Beides zu den Pilzen geben, Öl aufträufeln, miteinander vermischen, gut pfeffern und salzen. Hecht in die Bratfolie geben, Pilzgemisch zufügen. Petersilie und Wein mischen und in die Folie gießen. Bratfolie schließen, auf einen kalten Rost setzen und auf der mittleren Schiene in den Backofen schieben.

Sauce: Pilzreste und Mohrrübenschalen auf ein Sieb geben, abspülen. Im Stieltopf die Butter erhitzen, darin die Pilzreste und Mohrrübenschalen anschmoren. Sahne zugießen und 5–6 Min. köcheln. Pfeffern und salzen. Sud durch ein Haarsieb in einen anderen Topf umgießen. Siebinhalt gut ausdrücken. Flüssigkeit aus der Bratfolie auffangen und zur Sauce geben. Aufkochen, mit Pfeffer und Salz abschmecken, mit Kartoffelmehl leicht binden.

Weißfische

Unter dem Begriff „**Weißfische**" faßt der Volksmund alle zur Familie der **Karpfenfische** (Cyprinidae) gehörenden einheimischen Fischarten zusammen, deren Fleisch wegen seines Grätenreichtums in der Küche und auf dem Tisch wesentlich geringer geschätzt wird als das sogenannter Edelfische – eine Einstellung, die aus der weitverbreiteten Unkenntnis der auch für diese Fische in der Küche gegebenen Verwertungsmöglichkeiten resultiert. Bekanntester Weißfisch, da am häufigsten vorkommend und gefangen, ist der **Döbel** oder **Aitel** (Leuciscus dephalus), zusammen mit dem **Rapfen** oder **Schied** (Aspius aspius) zur Gruppe der Raubfische gehörend, während **Rotauge** oder **Plötze** (Leuciscus rutilus), **Rotfeder** (Scardinius erythrophthalmus), **Blei** oder **Brachsen** (Abramis brama), **Güster** oder **Blicke** (Blicca björkna), **Barbe** (Barbus barbus) und eine Vielzahl anderer Weißfische den Friedfischen zugeordnet werden. Deren Nahrungsspektrum enthält zwar neben pflanzlichen Bestandteilen auch tierische Anteile (z.B. Würmer, kleine Schnecken u.a.), jedoch jagen sie keine anderen Fische.

Der **Döbel**, überwiegend in kalten Fließgewässern (Bächen und Flüssen) Mittel-, Süd- und Osteuropas anzutreffen, besitzt einen gerundeten Körper mit großen, harten Schuppen, deren hinterer Rand schwarz gesäumt ist. Er ist Nahrungskonkurrent der Forellen und Äschen, wird bis zu 70 cm lang und bis zu 5 kg schwer. Für die Laichablage sucht er kiesige Stellen auf, an deren Steine er seine Eier klebt. Bereits nach 8–10 Tagen, wie bei den meisten Weißfischen, schlüpfen die Jungfische. Döbel lassen sich gut beobachten, da sie oft knapp unter der Wasseroberfläche und in kleinen Trupps schwimmen. Mehr in Seen als in Flüssen Mittel- und Osteuropas anzutreffen ist der **Rapfen,** der im Körperbau gegenüber den anderen Weißfischen eine Besonderheit aufweist: Der Bauch bildet zwischen Bauchflossen und After eine deutlich sichtbare Kante. Zwischen den Laichzeiten Einzelgänger, zieht es ihn während der Laichzeit in Scharen aus den Seen in die Ober-

Abweichende regionale Namen, Laichzeiten, Fangzeiten

Döbel
Aitel, Alet, Alten, Altfisch, Dickkopf, Diebel, Hartkopf, Möne, Rohrkarpfen u.a.

Laichzeit:
April bis Juni

Fangzeiten (regional zum Teil abweichend):
Juli bis Dezember

Rapfen
Schied, Mülbe, Raap, Rappe, Rotschiedel, Schiek, Schutt u.a.

Laichzeit:
April bis Juni

Fangzeiten (regional zum Teil abweichend):
Juli bis Dezember

Rotauge
Plötze, Bleier, Furn, Rotaltel, Rotaschel, Rottel, Schmal, Schwal u.a.

Laichzeit:
April bis Mai

Fangzeiten (regional zum Teil abweichend):
ganzjährig

Döbel, ein überwiegend in Fließgewässern zahlreich vorkommender Raubfisch, zugleich größter Nahrungskonkurrent der Forelle.

Rotfeder
Gelbauge, Goldrubel, Roddo, Rotengele, Rotflosser, Rotkarpfen, Scharl u.a.

Laichzeit:
April bis Juni

Fangzeiten (regional zum Teil abweichend):
Juni bis Dezember

Blei
Brachse, Brasse, Bleg, Bleier, Brachsmen, Bresen, Breitling, Klesch, Platteisl, Sunnfisch u.a.

Laichzeit:
Mai bis Juli

Fangzeiten (regional zum Teil abweichend):
Juli bis September

Güster
Blättle, Blenke, Breitfisch, Bresen, Gieben, Giester, Plattfisch, Pletten, Schniber u.a.

Laichzeit:
Mai bis Juni

Fangzeiten (regional zum Teil abweichend):
Juli bis September

läufe der Zuflüsse, wo er – wie der Döbel – in sauerstoffreichem Wasser auf kiesigem Grund laicht. In guten Biotopen wird der Rapfen über 50 cm lang und erreicht Gewichte bis zu 7 kg.

Rotaugen finden sich in Seen, Flüssen und Bächen nördlich der Alpen und der Pyrenäen, zum Teil auch in der Ostsee. Den Namen gab diesem Fisch seine rot schimmernde Iris. Er kann bis zu 50 cm lang und bis zu 2 kg schwer werden. Laichgründe sind mit Kraut bewachsene Oberläufe der Flüsse und Bäche, an deren Stengel und Blätter der Laich angehängt wird. Rotaugen ähneln in ihrem Erscheinungsbild der **Rotfeder** und werden mit dieser oft verwechselt, zumal sie rötlichgelbe Bauchflossen aufweisen. Eindeutige Unterscheidungsmerkmale zwischen Rotaugen und Rotfedern sind die Bauchform (Rotauge gerundet, Rotfeder kielförmig ausgebildet), die Iris (bei der Rotfeder goldfarbig), die Maulform (Rotauge: endständige, nach hinten laufende Maulspalte; Rotfeder: kleines Maul mit schräg nach oben gerichteter Maulspalte), die Farbe der Flossen (bei der Rotfeder alle rot) und die Zahnreihen im Schlund (Rotauge einreihig, Rotfeder zweireihig). Außerdem: Der Vorderrand der Rückenflosse steht beim Rotauge genau über der Basis der Bauchflossen, während er bei der Rotfeder mittig zu den Bauchflossen angeordnet ist. Rotfedern leben in Schwärmen in nahezu allen Gewässern Europas und Mittelasiens. Sie werden in Einzelfällen bis zu 50 cm lang und bis zu 2 kg schwer. Der Laich wird in Seen, Flüssen und Bächen an krautigem Uferbewuchs abgelegt.

Hochrückig und seitlich platt ist das typische Erscheinungsbild des **Bleis;** ein Fisch, der überwiegend in Seen, seltener in den Ruhezonen von Fließgewässern angetroffen wird. Gesellig in Schwärmen zusammenlebend, treten bei Überbesatz Hungerformen mit schmalem Rücken (Messerrücken) und einem verhältnismäßig großen Kopf auf. Das Verbreitungsgebiet des Bleis sind die Gewässer nördlich der Alpen in Mittel-, Nord- und Osteuropa. Die Farbe der Schuppen ist im Rückenbereich bleigrau bis schwarz, im Flankenbereich mattsilber bis messingfarben. In guten Biotopen wird der Blei bis 70 cm lang und bis zu 6 kg schwer. Er ist, wie Rotauge und Rotfeder, Krautlaicher.

Rotauge, ein schlanker, im Bauchbereich gerundeter Fisch, der seinen Namen von der roten Iris hat.

Dem Blei ähnlich und mit dessen Jugendform leicht zu verwechseln ist die **Güster,** ein Schwarmfisch, der in fast allen Gewässern Deutschlands angetroffen werden kann. Sicherste Unterscheidungsmerkmale gegenüber dem Blei sind neben der Größe (bis 30 cm lang und selten 0,5 kg Gewicht überschreitend) das weit vorne sitzende Auge, dessen Durchmesser größer als die Länge des Maules ist, und die an der Basis rot gefärbten Brust- und Bauchflossen. Außerdem weist die Güster zweireihige, der Blei hingegen einreihige Schlundzähne auf. Auch die Güster ist ein Krautlaicher.

Ein reiner Flußfisch ist die **Barbe.** In Mitteleuropa sowie auf dem östlichen Balkan lebt sie in rasch fließenden Gewässern mit sandigem und kiesigem Untergrund. Ein schlanker, rund geformter Körper, rötlich gefärbte Brust-, Bauch- und Afterflossen sowie vier dicke, seitlich an der Oberlippe paarig herabhängende Bartfäden sind die besonderen Merkmale dieses Fisches. Er lebt gesellig, kann bis zu 90 cm lang und in Einzelfällen über 10 kg schwer werden. Der für den Menschen giftige Rogen wird im Oberlauf der Flüsse an Steine angeklebt.

Barbe
Flußbarbe, Bambet, Barbine, Barbel, Bigge, Sauchen u.a.

Laichzeit:
Mai bis Juli

Fangzeiten (regional zum Teil abweichend):
August bis Oktober
Februar bis März

Wissenswert:
Bei Überbesatz einer Weißfischart in ihrem Biotop, wie es z.B. beim Blei in bestimmten Seen vorkommt, entstehen Hungerformen, deren Fleisch einen größeren Feuchtigkeitsanteil aufweist als das gut genährter Artgenossen. Ansonsten haben Weißfische ein relativ festes und trockenes Fleisch.

Rotfeder, ein mit dem Rotauge leicht zu verwechselnder Fisch, der sich von diesem u.a. durch ein kleines Maul und Rotfärbung aller Flossen unterscheidet.

Blei, ein hochrückiger, im Körper platter Fisch mit schleimigem Schuppenkleid, der überwiegend in stehenden Gewässern (Seen, Teichen) heimisch ist.

Weißfische küchenfertig machen

1. **Blei:** Vom Rücken her Filet in voller Länge bis auf die Bauchgräten herunterschneiden.

2. Bauchgräten unter dem Rückgrat mit der Küchenschere von vorne nach hinten durchtrennen.

3. Fischfilet mit Schnitt dicht an den Gräten vom Rückgrat und den Bauchgräten ablösen.

4. Ansätze der Afterflossen abschneiden, die Filets durch Beschnitt in Form bringen.

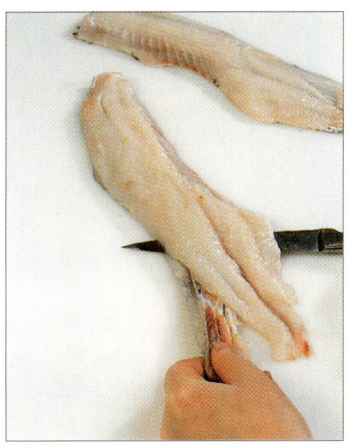

5. Haut anlösen. Filet umdrehen und Haut gegen flach gehaltene Messerschneide abziehen.

6. Zur Weiterverarbeitung vorbereitet: Filets vom Blei ohne große Gräten und Haut.

1. **Rotfeder:** Fisch am Kopf fassen, entlang des Rückgrats Filet zum Schwanz hin ablösen.

2. Vorgang auf der Gegenseite wiederholen, dann Bauchgräten durch Unterschnitt abtrennen.

3. Auf das Filet ein Stück Gewürzgurke legen, einrollen, mit Holzzahnstochern feststecken.

Herstellung von Fischnudeln

1. Ausgelöste Fischfilets in Stücke schneiden und im Mixer der Küchenmaschine pürieren.

2. Das Fischmus partienweise durch die feine Lochscheibe des Passiersiebes drehen.

3. Fischmus nach Rezeptangabe mit Mehl, Eiern, Kräutern, Öl im Mixer zum Teig verarbeiten.

4. Nudelteigkloß auf bemehlte Fläche legen und unter Zugabe von Mehl mit der Hand durchkneten.

5. Teig in eine Frischhaltefolie einschlagen und im Kühlschrank rund 30 Min. kühlen.

6. Teig zwischen zwei Folien (aufgeschnittener Gefrierbeutel) legen und dünn ausrollen.

7. Ausgerollten Teig auf bemehlte Fläche legen, mit Messer in dünne Streifen schneiden.

8. Alternativ: Mit der Nudelmaschine Nudeln herstellen. Nudeln einzeln auf Brett legen.

9. Nudeln in einer Fischbrühe garkochen, heraussieben und auf einem Sieb kalt abspülen.

Fischnudeln mit Tomatensauce

(Foto vorige Seite)

Zutaten für 4 Personen:
300 g Fischmus (aus dem Fleisch von Blei, Döbel, Rotauge, Rotfeder) • 400 g Weizenmehl • 3 Eier • 30 ml Pflanzenöl • 2 EL gehackte Petersilie • 2 EL geschnittener Dill • Pfeffer aus der Mühle • Salz. Fischsud: Fischreste • 1 große Zwiebel • 2 EL Fischsudgewürz • 10–15 weiße Pfefferkörner • 1 TL Salz. Sauce: 3 Tomaten • 20 ml Pflanzenöl • 30 g geräucherter Speck • 30 g Frühstücksspeck • 1 feingeschnittene Zwiebel • 200 ml Fischsud • 20 ml süße Sahne • Kartoffelmehl • Tabasco (grün) • frisch gemahlener Pfeffer • Salz.

Beilage: Chicoréesalat.

Nährwert pro Portion: ca. 800 kcal = ca. 3.300 kJ.

Hilfsmittel: Küchenmaschine mit Mixmesser, Passiersieb (feine Lochscheibe), Küchenbrett, Frischhaltefolie, Nudelrolle, Messer (oder Nudelmaschine), Backblech, Kochtopf, Schnellkochtopf, Schaumlöffel, Sieb, Schüssel, Stieltopf, Haarsieb.

Zubereitungszeit: ca. 2 Stunden. **Garzeiten:** Fischsud: 35 Min. (Schnellkochtopf Stufe I 7 Min.). Fischnudeln: 7–8 Min.

Zubereitung:
Fischreste mit kaltem Wasser klarspülen. Mit geviertelter Zwiebel und Gewürzen in den Topf geben, mit Wasser bedecken und einen Fischsud (ca. 2–3 l) kochen. Sud in einen Topf abseihen. 200 ml beiseite stellen.

Aus Fischfleisch mit Mehl, Eiern, Öl, Kräutern, Pfeffer und Salz im Mixer einen Teig herstellen und zu Nudeln verarbeiten (s. S. 82). Diese vereinzeln und auf einem gemehlten Backblech etwas trocknen lassen. Backofen auf 80° C vorheizen. Anschließend in 2–3 Partien im Fischsud 7–8 Min. kochen. Ausseihen, auf ein Sieb geben und kalt abbrausen. In eine Schüssel geben und im Backofen warm halten.

Sauce: Speck und Frühstücksspeck in Würfel schneiden. Tomaten in heißem Wasser überbrühen, häuten und halbieren. Kerne auslösen und beiseite stellen. Tomaten in Würfel schneiden. Im Stieltopf Pflanzenöl erhitzen, darin Speckwürfel auslassen, Speck mit dem Schaumlöffel herausheben, beiseite stellen. Im Speckfett Zwiebel anschmoren, Tomateninneres zufügen, Saft ziehen lassen. 200 ml Fischsud aufgießen, aufkochen. Alles durch Haarsieb gießen, erneut in den Topf geben. Speckstücke und Sahne zufügen. Mit Tabasco, Pfeffer, Salz abschmecken, mit Kartoffelmehl binden. Vor dem Servieren Tomatenwürfel in die Sauce geben.

Tips:
Fischmus von Weißfischen kann viel Feuchtigkeit enthalten, besonders wenn die Fische zuvor gefrostet waren. Damit nicht zuviel Mehl für die Bindung benötigt wird, das Fischmus vor der Weiterverarbeitung in ein Tuch (z.B. Mullwindel) geben und leicht ausdrücken. Saft im Fischsud verwerten.

Nicht verzehrte Nudeln einfrosten und später als Einlage in einer Fischsuppe verwenden.

Hinweis:
Damit die Fischnudeln ihr Aroma behalten, das Fischmus kräftig pfeffern und salzen. Außerdem sollten die Nudeln, wie im Rezept angegeben, in einem Fischsud gegart werden, da normales Wasser das Aroma herauszieht. Den Fischsud nach dem Abkochen der Nudeln auf die Hälfte einkochen, durch ein Tuch seihen und für eine Fischsuppe verwenden.

Gegrillte Rotfeder mit Senf-Sahne-Sauce

Zutaten für 4 Personen:
6–8 Rotfedern (à ca. 200 g) • 30 ml Pflanzenöl • frisch gemahlener Pfeffer • 2 unbehandelte Zitronen • 1/2 Bund Dill. <u>Marinade:</u> 6–8 Wacholderbeeren • 1 Lorbeerblatt • 1 Zweig Thymian • 2 EL Senfkörner • 1 kleine Mohrrübe • 1 Stück Petersilienwurzel • 1 EL Zucker • Salz. <u>Sauce:</u> 200 ml Sahne • 3–4 EL mittelscharfer Senf • Zitronensaft • Zucker.

Beilagen: Pellkartoffeln, Salat.

Nährwert pro Portion: ca. 450 kcal = ca. 1.870 kJ.

Hilfsmittel: Grill, Fisch-Grillhalter, Topf, Schüssel, Sieb, Fettpinsel, Stieltopf, 1 geschälte rohe Kartoffel.

Zubereitungszeit: 24 Stunden marinieren.
Garzeit: Fisch: ca. 10–12 Min.

Zubereitung:
Mohrrübe, Petersilienwurzel putzen und in Scheiben schneiden. Mit Wacholderbeeren, Thymian, Lorbeerblatt, Senfkörnern, abgeschnittenen Dillstengeln und Zucker in einen Topf geben. Mit 1 1/2 l Wasser auffüllen, aufkochen. Sud erkalten lassen. Geschälte, rohe Kartoffel in den Sud geben und soviel Salz (ca. 250 g) einrühren, bis die Kartoffel aufschwimmt. Kartoffel herausnehmen.

Rotfedern schuppen, innen und außen waschen. Zitronen in Scheiben schneiden. Rotfedern innen pfeffern. Boden einer Schüssel mit Zitronenscheiben und Dillzweigen belegen. Hälfte der Fische auflegen. Mit Zitronenscheiben und Dill belegen. Restliche Fische auflegen. Mit dem Sud bedecken. Nach der Marinierzeit Fische 15 Min. in klarem Wasser wässern, auf einem Sieb abtropfen lassen. In jeden Fisch einen Dillzweig legen. Haut mit Öl einpinseln. Jeden Fisch in einen Fisch-Grillhalter legen. Unter den vorgeheizten Grillrost legen. Ist eine Seite braun, den Fisch wenden.

Senf-Sahne-Sauce:
Im Stieltopf Sahne erhitzen, Senf einrühren. Mit Zitronensaft und Zucker abschmecken.

Auf Gemüse gedünstete Weißfischklößchen

Zutaten für 4 Personen:
500 g Weißfischfleisch (Blei, Döbel, Rotauge, Rotfeder o.a.) • 100 ml Sahne • 2 Eier • 50 g Butter • 150 g Lauch • 100 g Sellerieknolle • 100 g Petersilienwurzel • 100 g Mohrrübe • 3 mittelgroße Zwiebeln • 150 ml Fischsud oder Hühnerbrühe (darf Instant sein) • Pfeffer aus der Mühle • Salz • Zitronensaft • Kartoffelmehl.

Beilagen: Salzkartoffeln, Bohnensalat.

Nährwert pro Portion: ca. 400 kcal = ca. 1.670 kJ.

Hilfsmittel: Küchenmaschine mit Mixmesser, Passiersieb (feine und grobe Lochscheibe), Schüsseln, Handrührgerät, Schmortopf, 2 Eßlöffel, Haarsieb, Stieltopf.

Zubereitungszeit: ca. 60 Min. **Garzeiten:** Fisch: 10 Min. Gemüse: ca. 6–8 Min.

Zubereitung:
Das Fischfleisch im Mixer pürieren, durch das Passiersieb (feine Scheibe) drehen. In eine Schüssel geben. Im Tiefkühlfach 5 Min. kühlen. Sahne, Eier zufügen, pfeffern und salzen. Mit dem Handrührgerät gut durcharbeiten. Erneut 5 Min. im Tiefkühlfach kühlen. Mit in heißes Wasser getauchten Löffeln Klößchen formen.

Wurzelgemüse putzen und in Scheiben schneiden. Im Topf Butter erhitzen, darin das Wurzelgemüse angehen lassen. Brühe angießen. Fischklößchen auf das Gemüse legen, bei geschlossenem Deckel und mittlerer Hitze garen. Backofen auf 80° C vorheizen. Klößchen herausnehmen, im Backofen warm halten. Gemüse auf ein Sieb geben, ausdrücken, Saft auffangen. Gemüse durch das Passiersieb (grobe Lochscheibe) drehen, im Ofen warm halten. Gemüsesaft in Stieltopf gießen, mit Kartoffelmehl binden, mit Pfeffer, Salz, Zitronensaft abschmecken und als Sauce servieren.

Weißfisch-Krapfen mit Kapernsauce

Hinweis:
Je nach Region haben Frikadellen unterschiedliche Bezeichnungen: Buletten, Klopse, Pflanzerl, Fleischkrapfen, Hamburger, Laibchen, Laberl.

Zutaten für 4 Personen:
500 g gehäutete Weißfischfilets (Blei, Döbel, Rotauge, Rotfeder o.a.) • 1 altbackene Semmel • 100 ml Sahne • 1 TL Butter • 2 Eier • 2 EL feingeschnittene Petersilie • 1 TL Worcestershiresauce • frisch gemahlener Pfeffer • Salz • 50 g Butterschmalz. Sauce: 1 Becher Schmand oder saure Sahne (200 g) • 1 EL Kapern • Worcestershiresauce • Sojasauce • Tabasco (grün) • Salz.

Beilagen: Kartoffelpüree, süß-sauer angemachter Blattsalat.

Nährwert pro Portion: ca. 475 kcal = ca. 1.980 kJ.

Hilfsmittel: Fleischwolf, Stieltopf, Schüsseln, Bratpfanne.

Zubereitungszeit: ca. 60 Min. **Garzeit:** Fischfrikadellen: ca. 15 Min.

Zubereitung:
Fischfilets durch den Fleischwolf drehen. Semmel vierteln, in eine Schüssel geben. Im Stieltopf Sahne mit der Butter erhitzen, über die Semmel gießen und diese weichen lassen. Semmel, Eier, Petersilie zum durchgedrehten Fischfleisch geben. Mit Worcestershiresauce, Pfeffer und Salz würzen. Alles gut durchmengen. Backofen auf 80° C vorheizen. Mit nassen Händen Frikadellen formen. In der Bratpfanne Butterschmalz erhitzen, darin die Frikadellen bei mittlerer Hitze braten. Im Backofen warm halten.

Sauce: Überschüssiges Fett aus der Pfanne abgießen. Bratensatz mit dem Schmand loskochen, die Kapern zugeben, mit Worcestershiresauce, Sojasauce, Tabasco und Salz abschmecken. Frikadellen in die Sauce legen, in der Pfanne servieren.

Weißfischfilet auf Apfel-Zwiebel-Scheiben

Zutaten für 4 Personen:
8–12 Weißfischfilets (Döbel, Rotauge, Rotfeder) • frisch gemahlener Pfeffer • Salz • Mehl • 4 süßsaure Äpfel (z.B. Boskop) • Essig • 2 große Zwiebeln • 60 g Butterschmalz.

Beilagen: Kartoffelpüree, Salat.

Nährwert pro Portion: ca. 425 kcal = ca. 1.780 kJ.

Hilfsmittel: Teller, Schüssel, Schaumlöffel, Bratpfanne mit Deckel, Servierplatte.

Zubereitungszeit: ca. 40 Min. **Garzeiten:** Fisch: 5–6 Min. Apfel-Zwiebel-Scheiben: 4–5 Min.

Zubereitung:
Fischfilets pfeffern und salzen, in Mehl wenden. Backofen auf 80° C vorheizen. Äpfel und Zwiebeln schälen, erstere entkernen. Äpfel und Zwiebeln in Scheiben schneiden. Apfelscheiben in Essigwasser legen. In der Bratpfanne die Hälfte des Butterschmalzes erhitzen. Darin Filets von beiden Seiten braten. Im Backofen warm halten.

Restliches Butterschmalz in die Pfanne geben und erhitzen. Zwiebelscheiben auf dem Pfannenboden verteilen, glasig dünsten. Apfelscheiben mit dem Schaumlöffel aus dem Essigwasser nehmen, auf die Zwiebelringe auflegen. Deckel auflegen und bei mittlerer Hitze kurz garen. Apfel-Zwiebel-Gemisch auf der Servierplatte anrichten, Filets auflegen und mit den Beilagen servieren.

Weißfisch im Strudelteig

(Foto vorige Seite)

Zutaten für 4 Personen:
500 g gehäutetes Weißfischfilet (Blei, Döbel, Rotauge, Rotfeder o.a.) • Strudelteig (aus der Tiefkühlung) • 2 Eier • 80 ml Sahne • 80 g entrindetes, zerriebenes Weißbrot • 2 feingeschnittene Schalotten • 1/2 Bund feingehackte Petersilie • 10 g Butter • Pfeffer aus der Mühle • Salz • Mehl • 30 g Butter (flüssig) • 1 Eigelb. Sauce: 20 g Butter • 1 feingeschnittene Schalotte • 50 ml trockener Weißwein • 200 ml konzentrierter Fischsud (gezogen aus den Fischresten) • 50 ml Sahne • 1 Messersp. abgeriebene Ingwerwurzel • Kartoffelmehl • frisch gemahlener Pfeffer • Salz.

Beilage: Gedünstete Bohnen oder Zuckerschoten.

Nährwert pro Portion: ca. 750 kcal = ca. 3.130 kJ.

Hilfsmittel: Küchenmaschine mit Mixmesser, Passiersieb (feine Lochscheibe), Schüssel, kleine Bratpfanne, Handrührgerät, Leinentuch, Nudelrolle, Fettpinsel, Backblech, Backpapier, Stieltopf.

Zubereitungszeit: ca. 3 Std. **Garzeit:** Fischstrudel: ca. 25–30 Min.

Zubereitung:
Fischfilet in Stücke schneiden, im Mixer pürieren, durch Passiersieb drehen. In eine Schüssel geben und 5 Min. tiefkühlen. In der Bratpfanne Butter erhitzen, darin die Schalotten andünsten. Auf Handwärme abkühlen lassen, zum Fischmus geben. Sahne, Eier, Petersilie, Weißbrot zufügen, kräftig pfeffern und salzen. Mit dem Handrührgerät gut durcharbeiten. Für 5 Min. in die Tiefkühlung geben. Backofen auf 220° C vorheizen. Leinentuch auslegen, bemehlen, Strudelteig darauf ausrollen, mit flüssiger Butter einpinseln, 5 Min. einwirken lassen. Teig mit bemehlten Händen dünn ausziehen, Kanten beschneiden. Auf 2/3 der Fläche Fischmus gleichmäßig verteilen. Mit Hilfe des Tuches Strudel einrollen und auf das mit Backpapier ausgelegte Backblech legen. Auf der Mittelschiene im Backofen backen. Nach 10 Min. mit flüssiger Butter einpinseln, nach 20 Min. mit Eigelb bestreichen.

Sauce: Im Stieltopf Butter erhitzen, Schalotte darin andünsten, Weißwein zugießen, einkochen. Fischsud zugeben und aufkochen. Sahne und Ingwer zufügen. Mit Kartoffelmehl binden, mit Pfeffer und Salz abschmecken.

Hinweis:
Für den Fall, daß Strudelteig aus der Tiefkühlung nicht erhältlich ist, muß er selbst hergestellt werden.

Zutaten:
200 g klebefähiges Mehl (Typ 480) • 1 EL geriebener Parmesan • 2 EL Pizzaöl (darf auch Olivenöl sein) • 125 ml Wasser • 1 Messersp. Salz.

Hilfsmittel: Gefrierbeutel, Fettpinsel, Küchentopf mit Deckel.

Zubereitung:
Alle Zutaten im Mixer zu einem Teig verarbeiten, bis sich dieser zu einem Kloß zusammenzieht. Gegebenenfalls noch etwas Wasser zugeben. Teigkloß mit etwas Öl einölen, in einen Gefrierbeutel geben, verschließen. In einem Topf Wasser lauwarm erwärmen, Beutel hineingeben, mit Deckel schließen. Teig 35 Min. ruhen lassen, dann, wie im Rezept angegeben, weiterverarbeiten.

Fischstäbchen mit Kräutersauce

Zutaten für 4 Personen:
600 g Fischmus (aus dem Fleisch von Blei, Döbel, Rotfeder, Rotauge o.a.) • 3 Eier • 1/4 Bund feingehackte Petersilie • frisch gemahlener Pfeffer • Salz • 1 Ei • Semmelbrösel • Fritierfett. <u>Sauce:</u> 20 g Butter • 2 feingeschnittene Schalotten • 1 TL getrocknete Estragonblätter • 1 TL getrockneter Kerbel • 50 ml trockener Weißwein • 200 ml Sahne • Zitronensaft • Pfeffer aus der Mühle • Salz.

Beilagen: Pommes frites, Salzkartoffeln, Salat.

Nährwert pro Portion: ca. 500 kcal = ca. 2.100 kJ.

Hilfsmittel: Schüssel, Schneebesen, Kastenform (Terrinen- oder Kuchenform), Backpapier, Bräter mit Deckel (dient als Wasserbad), Alufolie, Bratpfanne, Stieltopf, Haarsieb.

Zubereitungszeit: 90 Min. **Garzeiten:** Fischmus: 30 Min. Fischstäbchen: ca. 1 Min.

Zubereitung:
Fischmus mit Eiern, Petersilie, Pfeffer und Salz in eine Schüssel geben und mit dem Schneebesen gut durcharbeiten. Kastenform mit Backpapier auslegen, Fischmus einfüllen, mit Alufolie abdecken und im Wasserbad garen. Form in kaltes Wasser stellen. Erkaltetes Fischmus zu Fischstäbchen schneiden. Diese in mit Pfeffer und Salz kräftig gewürztem, zerschlagenem Ei wenden, mit Semmelbröseln panieren. In der Bratpfanne reichlich Fritierfett erhitzen, darin Fischstäbchen fritieren.

Sauce: Im Stieltopf Butter erhitzen, darin Schalotten andünsten. Weißwein zugießen, Kerbel, Estragon zugeben, aufkochen. Sahne zugießen, zu einer cremigen Sauce einkochen. Mit Pfeffer, Salz und Zitronensaft abschmecken. Vor dem Servieren durch Haarsieb gießen.

Weißfisch-Calcone mit Pfeffer-Sahne-Sauce

Zutaten für 4 Personen:
300 g Weißfischfleisch (z.B. Döbel) • 1 Ei • 30 ml Sahne • 100 g Paprika (gewürfelt) • 1 Zwiebel • 1 Knoblauchzehe • 1 TL Oregano • 20 g Butter • Pfeffer aus der Mühle • Salz • 1 Päckchen Pizzateig (400 g) • Mehl • Pizzaöl. Sauce: 20 g Butter • 1 Schalotte • 200 ml Sahne • 100 ml Hühnerbrühe (darf Instant sein) • 2 EL grüne Pfefferkörner (Glas) • Kartoffelmehl • Salz • Zitronensaft.

Beilage: Radicchiosalat.

Nährwert pro Portion: ca. 650 kcal = ca. 2.700 kJ.

Hilfsmittel: Küchenmaschine mit Mixmesser, Passiersieb (feine Lochscheibe), Schüsseln, Handrührstab, Stieltopf, Nudelholz, Calcone-Form, Backblech, Backpapier, Fettpinsel.

Zubereitungszeit: ca. 70 Min. **Garzeiten:** Paprika: 10 Min. Calcone: 10 Min.

Zubereitung:
Aus Fleisch, Sahne, Ei ein Mus herstellen (s. S. 86). Zwiebel und Schalotte klein schneiden, Knoblauch in Salz zerreiben. Im Stieltopf Butter erhitzen, darin Zwiebel, Paprika, Knoblauch weich dünsten, pfeffern und salzen. Fischmus einrühren, erhitzen, dann abkühlen lassen. Backofen auf 230° C vorheizen. Pizzateig auf gemehlter Fläche ausrollen. Calcone-Taschen herstellen (s. Bildreihe). Mit Pizzaöl einpinseln, auf mit Backpapier ausgelegtes Backblech setzen, im Backofen backen.

Sauce: Im Stieltopf Butter erhitzen, darin Schalotte andünsten. Sahne und Hühnerbrühe zugießen, aufkochen. Mit Kartoffelmehl binden, mit Salz und Zitronensaft abschmecken. Grünen Pfeffer zugeben.

Gebratener marinierter Weißfisch

Zutaten für 4 Personen:
4 Weißfische à ca. 300–350 g (Döbel, Rotauge, Rotfeder) • 30 ml Pflanzenöl • Pfeffer aus der Mühle • Salz • Mehl. Marinade: 500 ml Essig • 100 ml Wasser • 1 Mohrrübe • 1 Stück Sellerieknolle • 1 mittelgroße Petersilienwurzel • 50 g Meerrettichstange • 1 Zwiebel • 1 EL Wacholderbeeren • 1 EL Senfkörner • 1 Lorbeerblatt • 10 weiße Pfefferkörner • 1 gestr. TL Salz.

Beilagen: Bratkartoffeln, Salat.

Nährwert pro Portion: ca. 400 kcal = ca. 1.650 kJ.

Hilfsmittel: Teller, Bratpfanne, hochkantiges, rechteckiges Porzellan- oder Keramikgefäß, Topf.

Zubereitungszeit: 3 Tage marinieren. **Garzeit:** Fisch: 6–8 Min.

Zubereitung:
Fische schuppen, mit Wasser abspülen. Innen und außen salzen, pfeffern. In Mehl wenden. In der Bratpfanne Öl erhitzen, Fische darin von beiden Seiten braten.

Marinade:
Mohrrübe, Sellerieknolle, Petersilienwurzel, Meerrettich, Zwiebel putzen und in Scheiben schneiden. Zusammen mit den Gewürzen in einen Topf geben. Essig und Wasser aufgießen, aufkochen und 5 Min. köcheln lassen. Fische in die Form legen, mit dem Sud bedecken. An kühlem Ort marinieren, nach 24 Stunden Fische wenden. Aus dem Sud nehmen, mit den Beilagen servieren.

Wels *(Silurus glanis L.)*

Innerhalb der Fischsystematik bilden die **Welse** *(Siluridae)* 28 Familien mit weit über 2.000 Unterarten. Zur Familie der sogenannten **Echten Welse** *(Siluridae)* zählt der bei uns beheimatete **europäische Wels,** neben dem Stör der größte Süßwasserfisch Mittel- und Osteuropas. In den osteuropäischen Seen und in großen Flüssen (z.B. Donau) kann er Längen bis zu 3 m und ein Gewicht von 300 kg erreichen. Derartige Fänge sind jedoch selten und überfordern, ja gefährden aufgrund ihrer Masse und Kraft meist den Berufsfischer, dem sie ins Netz gehen. Typisch für den Wels ist sein langgestreckter, vorne dicker und zum Schwanz hin zunehmend platter werdender, schuppenloser Körper. Eine lange, am Unterbauch bis kurz vor die Bauchflosse reichende Schwanzflosse und ein quer zum Körper platter Kopf kennzeichnen diesen Fisch ebenso wie das kleine unscheinbare Auge und die Bartfäden. Von diesen sitzen beidseitig der Oberlippe zwei bewegliche, wie Tentakel wirkende Bartfäden, die nach hinten bis über den Ansatz der Brustflossen hinaus reichen. Weitere vier Bartfäden, jeweils paarig angeordnet, hängen an den Unterkieferseiten. Sie sind kürzer, dünner und rötlich gefärbt. Der Wels zählt zu den Raubfischen, wobei die Beute um so größer sein kann, je älter (bis zu 80 Jahre!) und damit stärker der Wels wird. Er lebt überwiegend im tiefen Wasser und kommt nur zur Ablage seines Laiches auf ufernahen Wasserpflanzen in flacheres Wasser. Die Kaulquappen ähnlichen Jungfische schlüpfen nach 10 bis 14 Tagen.

Im Handel als ganzer Speisefisch erhältlich und in der Gastronomie überwiegend angeboten wird fast ausschließlich der **Zwergwels** *(Amiurus nebulosus),* ein in nordamerikanischen Gewässern beheimateter Fisch, der um 1885 in Deutschland eingebürgert wurde. Gegenüber seinem europäischen Vetter unterscheidet er sich u.a. in der Größe (bis 45 cm lang und bis zu 2 kg schwer), durch jeweils vier paarig am Ober- und Unterkiefer angeordnete Barteln und durch eine Fettflosse auf dem Rücken. Der Zwergwels läßt sich gut in durch Kühlwasser von Kraftwerken beheizten Warmwasserbecken aufziehen. Allen Welsen gemeinsam ist, daß ihr Fleisch nahezu keine Gräten aufweist; es ist fettreich, fest und überaus wohlschmeckend.

Abweichende regionale Namen, Laichzeiten, Fangzeiten

Wels
Waller, Weller, Wellerfisch, Wälinen, Schaid, Schaden, Scharn u.a.

Laichzeit:
Mai bis Juni

Fangzeiten (regional zum Teil abweichend):
Juli bis September

Zwergwels
Katzenwels, kleiner Waller

Laichzeit:
März bis Mai

Fangzeiten (regional zum Teil abweichend):
Mai bis September

Hinweis:
Dem Wels im Erscheinungsbild ähnlich und im Fleisch ebenfalls nahezu grätenfrei ist die **Rutte** oder **Quappe** *(Lota lota).* Wichtigstes Unterscheidungsmerkmal zum Wels sind die beiden Rückenflossen (vorne klein und abgerundet) und die vor den Brustflossen stehenden Bauchflossen. Die Rutte ist die einzige im Süßwasser vorkommende Dorschart. Sie kann bis zu 80 cm lang und bis 8 kg schwer werden. Lebensraum: Seen, Flüsse und Bäche Nord- und Mitteleuropas sowie Nordamerikas.

Zwergwels, die bei uns am häufigsten als Speisefisch angebotene, aus Amerika stammende Welsart.

Wels häuten und filetieren

1. Haut hinter dem Kopf rundum bis aufs Fleisch einschneiden.

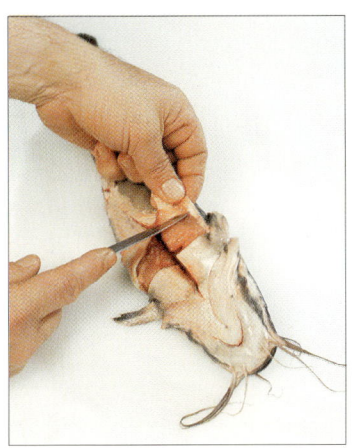

2. An der Bauchseite beginnend, die Haut vom Fleisch lösen.

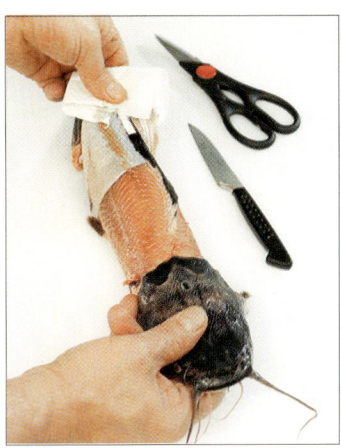

3. Haut mit einem Tuch fassen und Richtung Schwanz abziehen.

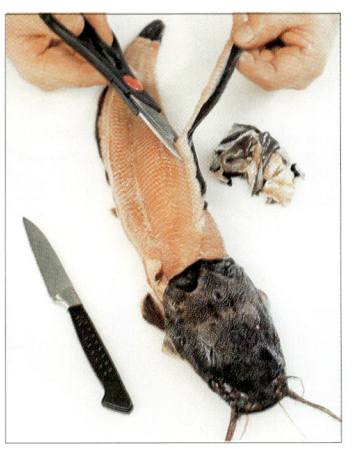

4. Mit der Küchenschere alle Flossen abschneiden.

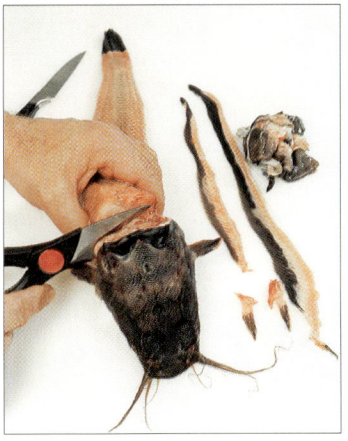

5. Mit Messer und Küchenschere Kopf vom Fischkörper trennen.

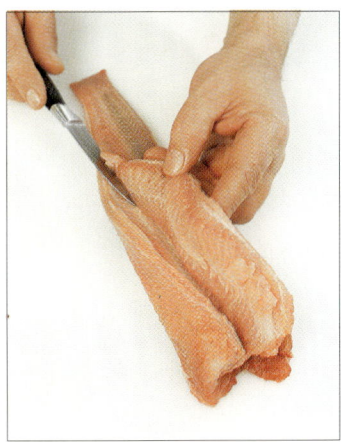

6. Fisch entlang des Rückens bis auf den Knochen einschneiden.

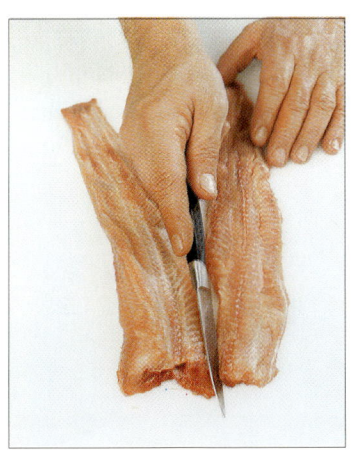

7. Filets vom Rückgrat trennen, Brustfilets auslösen.

8. Beide Filets in portionsgerechte Stücke teilen.

9. Filetstücke (vorne Bauchfilets) und Fischreste für Suppe.

Welsfilet mit Spinatfüllung

Zutaten für 4 Personen:
2 Filets vom Wels (à ca. 370 g) • Zitronensaft • 800 g frischer Spinat • 1/2 Knoblauchzehe • 30 ml Sahne • 1 Ei • 1 Eiweiß • 1 Eigelb • <u>Sauce:</u> 20 g Butter • 1 feingeschnittene Schalotte • 100 ml trockener Weißwein • 150 ml Welsbrühe (darf auch Hühnerbrühe sein) • 150 ml Sahne • Pfeffer aus der Mühle • Salz.

Beilage: Spaghetti.

Nährwert pro Portion: ca. 565 kcal = ca. 2.360 kJ.

Hilfsmittel: Topf, Schüssel, Sieb, Fettpinsel, Küchenmaschine mit Mixmesser, Alufolie, Stieltöpfe, Haarsieb, Servierplatte.

Zubereitungszeit: ca. 60 Min. **Garzeit:** Fisch: ca. 8 Min.

Zubereitung:
Die Filets mit Zitronensaft beträufeln und beiseite stellen. Vom Spinat die Stengel entfernen, die Blätter waschen, Menge in zwei Hälften teilen. Jede Hälfte für sich ganz kurz in kochendem Salzwasser überbrühen, kurz in kaltes Wasser geben. Auf Sieb abtropfen lassen. Die Filets auf der Innenseite pfeffern und salzen, umdrehen. Die Außenseiten mit Eigelb bestreichen, eine Hälfte des Spinats auf der mit Ei bestrichenen Seite verteilen. Die Filets einrollen und in Alufolie wickeln. In kochendes Wasser geben und bei milder Hitze garen, herausnehmen und warm stellen. Den Knoblauch in Salz zerreiben und mit dem restlichen Spinat, der Sahne, dem Eiweiß und dem Ei im Mixer pürieren. Mit Pfeffer und Salz würzen. Den Spinatbrei in einem Stieltopf unter ständigem Rühren erhitzen, bis er zu einer festen Masse wird. Warm stellen.

Sauce: Die Butter in einem Stieltopf erhitzen, darin die feingeschnittene Schalotte andünsten. Den Wein und die Welsbrühe zugießen und auf die Hälfte einkochen. Die Sahne zufügen und weiterkochen, bis die Sauce dickflüssig wird. Sauce durch ein Sieb gießen, mit Pfeffer, Salz und Zitronensaft abschmecken. Servierplatte mit dem gestockten Spinatbrei beschichten, die Filetrollen halbieren, darauf anrichten, mit der Sauce und der Beilage servieren.

Wels-Lachs-Fondue

(Foto vorige Seite)

Zutaten für 4 Personen:
1 Wels (ca. 1.300 g) • 500 g Lachsfilet • Zitronensaft • Pfeffer aus der Mühle • Salz • 1 Mohrrübe • 1 Stück Sellerieknolle • 1/2 Petersilienwurzel • 2 Zwiebeln • 1 Stück Lauch • 1 Stück Ingwerwurzel • 1 Lorbeerblatt • 1 EL weiße Pfefferkörner • 20 g Butter • Salz • 0,5 l Hühnerbrühe (darf Instant sein). Saucen: 1.: 300 ml Sahne • Saft einer Orange • geriebene Ingwerwurzel • frisch gemahlener Pfeffer • Salz • Zitronensaft. 2.: 1 Becher Schmand oder saure Sahne (200 g) • 2 EL frisch geriebener Meerrettich • Pfeffer aus der Mühle • Salz. 3.: 6 EL Mayonnaise • 2 EL Tomaten-Ketchup • 4 TL Weinbrand • 2 EL feingeschnittener Dill • Worcestershiresauce • Pfeffer aus der Mühle • Salz.

Beilagen: In Butter durchschwenkter Reis, Pellkartoffeln, mit Dill angemachter Gurkensalat.

Nährwert pro Portion: ca. 800 kcal = ca. 3.250 kJ.

Hilfsmittel: Küchenschere, Schnellkochtopf oder großer Kochtopf (ca. 5 l), Sieb, Passiertuch (Mullwindel), Schüsseln, Fonduetopf mit Rechaud (alternativ: elektrischer Fonduetopf), Servierplatte.

Zubereitungszeit: ca. 60 Min. **Garzeit:** Fischbrühe 15 Min. (Schnellkochtopf Stufe II); 30 Min. (normaler Kochtopf).

Zubereitung:
Wels häuten und filetieren (s. S. 95). Filets von Wels und Lachs in Stücke schneiden, mit Zitronensaft beträufeln und kalt stellen. Später auf einer Platte arrangieren, mit Pfeffer aus der Mühle übermahlen, leicht salzen. Vom Wels Rückgrat und Kopf mit der Küchenschere in Stücke schneiden. Mohrrübe, Sellerie, Petersilienwurzel, Zwiebeln, Lauch putzen und in große Stücke schneiden. Zusammen mit den Fischresten, Lorbeerblatt, Ingwerwurzel, Pfefferkörnern und dem Stück Butter in den Schnellkochtopf geben. Etwas Salz zufügen. Hühnerbrühe aufgießen, 1,5 l Wasser zufügen. Fischreste auskochen. Brühe durch ein mit Tuch ausgelegtes Sieb gießen, nochmals erhitzen und in den Fonduetopf gießen. Mit dem Rechaud am Köcheln halten.

Saucen: 1.: Sahne im Stieltopf erhitzen, Orangensaft zugießen. Alles cremig einkochen. Mit Ingwer, Pfeffer und Salz abschmecken. Kalt servieren. 2.: Schmand mit dem Meerrettich verrühren, mit Pfeffer und Salz abschmecken. 3.: Mayonnaise, Ketchup, Weinbrand und Dill miteinander verrühren, mit Worcestershiresauce, Pfeffer und Salz aromatisieren.

Wels-Champignon-Ragout

Zutaten für 4 Personen:
1 Wels (ca. 1.000 g) • 300 g kleinköpfige Champignons • 30 g Butterschmalz • 1 kleingeschnittene Zwiebel • 150 ml Fischbrühe (gezogen aus Fischresten) • 200 ml Sahne • 2 EL feingeschnittener Dill • 1 EL feingeschnittene Petersilie • 1 Messersp. geriebene Ingwerwurzel • Pfeffer aus der Mühle • Salz • Zitronensaft.

Beilagen: Spätzle, Salat.

Nährwert pro Portion: ca. 400 kcal = ca. 1.670 kJ.

Hilfsmittel: Schüssel, Bratentopf.

Zubereitungszeit: ca. 50 Min. **Garzeit:** ca. 25 Min.

Zubereitung:
Wels häuten und filetieren (s. S. 95). Aus den Fischresten mit Wurzelgemüse eine Brühe kochen. Filets in mittelgroße Stücke schneiden, in eine Schüssel geben, pfeffern und salzen. Champignons (sofern erforderlich) putzen. Im Bratentopf Butterschmalz erhitzen, darin die Zwiebel andünsten. Champignons zufügen, anbraten und Saft ziehen lassen. Ingwer zugeben. Flüssigkeit einkochen. Fischbrühe, Sahne und Dill zugeben, aufkochen. Fischstücke in den Topf geben und bei mittlerer Hitze garziehen lassen. Ragout mit Pfeffer, Salz und Zitronensaft abschmecken. Zum Schluß die Petersilie über das Ragout streuen.

Asiatische Welspfanne

Zutaten für 4 Personen:
500 g Welsfilet • 80 ml Woköl (darf auch normales Pflanzenöl sein) • je 100 g Mohrrübe, Sellerieknolle, Zwiebel, Shitaki- oder Austernpilze, Sojabohnenkeime (frisch oder aus dem Glas) • je 50 g Lauch und Zuckerschoten • Pfeffer aus der Mühle • Salz • Sojasauce • Zitronensaft • Zucker.

Beilage: Naturreis.

Nährwert pro Portion: ca. 300 kcal = ca. 1.250 kJ.

Hilfsmittel: Wok oder große Pfanne, Schneidbrett und scharfes Gemüsemesser oder Julienneschneider, Schüsseln, Wok- oder Kochlöffel.

Zubereitungszeit: ca. 50 Min. **Garzeit:** ca. 10 Min.

Zubereitung:
Welsfilet in 2–3 cm breite Streifen schneiden, mit Zitronensaft beträufeln, pfeffern und salzen. Mohrrübe und Sellerieknolle in feine Streifen, Lauch und Zwiebel in feine Ringe, Pilze und Zuckerschoten in Stücke schneiden. Im Wok 40 ml Öl erhitzen, darin unter ständigem Rühren zuerst Mohrrüben- und Selleriestreifen, dann die Pilze, Zwiebelringe und Zuckerschoten anbraten. Zwischendurch etwas Öl nachgießen. Nach ca. 5 Min. den Lauch und die Welsstücke zugeben, zum Schluß die Sojabohnenkeime unterheben. Mit Pfeffer und Salz, Sojasauce, Zitronensaft und Zucker würzen.

> **Hinweis:**
> Bei Zubereitungen in einem Wok (gewölbter asiatischer Brattopf), in dem die hineingegebenen Zutaten stetig durchgerührt werden müssen, ist eine Reihenfolge in der Zugabe zu beachten. Diese hängt von der Garzeit der einzelnen Zutaten ab. Je kürzer sie ist, desto später wird die entsprechende Zutat eingerührt. Nach Fertigstellung des Gerichtes sollten die beigefügten Gemüse noch einen leichten Biß haben.

Stücke vom Wels mit Zitronenschaum

Zutaten für 4 Personen:
1.000 g gehäuteter Wels • Saft einer halben Zitrone • Pfeffer aus der Mühle • Salz • Mehl • 30 g Butterschmalz. Sauce: 1 Ei • 1 TL Zucker • 30 ml Weißwein • 80 ml konzentrierte Welsbrühe (ersatzweise Hühnerbrühe) • Saft einer Zitrone • Pfeffer aus der Mühle • Salz • abgeriebene Schale einer unbehandelten Zitrone.

Beilagen: Kroketten, mit Olivenöl und Zitrone angemachter Salat.

Nährwert pro Portion: ca. 530 kcal = ca. 2.200 kJ.

Hilfsmittel: Bratpfanne, Schlagschüssel, Topf (Wasserbad).

Zubereitungszeit: ca. 50 Min. **Garzeit:** Fisch: 8–10 Min.

Zubereitung:
Den Wels in ca. 5 cm breite Stücke schneiden, mit Zitronensaft beträufeln, pfeffern und salzen. In Mehl wälzen. Backofen auf 80° C vorheizen. In der Pfanne Butterschmalz erhitzen, darin die Welsstücke von beiden Seiten braten. Anschließend im Backofen warm halten.

Sauce: In der Schlagschüssel Ei und Zucker miteinander verschlagen. Weißwein, Welsbrühe und Zitronensaft zugeben, pfeffern und salzen. Im Wasserbad die Sauce solange schlagen, bis sie anfängt, cremig zu werden. Zum Schluß die abgeriebene Zitronenschale einarbeiten.

Wels in der Zwiebelschale

Zutaten für 4 Personen:
300 g Welsfilet • 4 große Gemüsezwiebeln • 500 ml Welsbrühe (aus den Fischresten gekocht) • 40 g Butter • 200 ml Sahne • 1 EL feingehackte Petersilie • Pfeffer aus der Mühle • Salz • Zitronensaft.

Beilage: 7-Korn-Reis.

Nährwert pro Portion: ca. 250 kcal = ca. 1.050 kJ.

Hilfsmittel: Schüsseln, kleines scharfes Messer, scharfrandiger Kaffeelöffel, Schneidbrett, Kochmesser, Stieltopf, Stabmixer, Auflaufform, Alufolie.

Zubereitungszeit: ca. 120 Min. **Garzeiten:** Schmoren im Stieltopf: ca. 2 x 15 Min. Gefüllte Zwiebeln: 50 Min.

Zubereitung:
Welsfilet in kleine Stücke schneiden, in eine Schüssel geben, pfeffern und salzen. Gemüsezwiebeln schälen, Deckel abschneiden und mit dem Kaffeelöffel vorsichtig bis auf die zwei äußeren Schalen aushöhlen. Ausgehöhlte Zwiebelmasse klein schneiden. Im Stieltopf 20 g Butter erhitzen, darin 1/3 der kleingeschnittenen Zwiebeln unter ständigem Rühren solange braten, bis sie beginnen, braun zu werden. Zwiebelmasse abkühlen lassen, zu den Welsstücken geben. Restliche Butter im Stieltopf erhitzen, darin übrige Zwiebelstücke solange braten, bis sie zu bräunen beginnen. Sahne zugießen, aufkochen, Topfinhalt mit dem Stabmixer pürieren. Kräftig mit Pfeffer, Salz und Zitronensaft abschmecken. Backofen auf 220° C vorheizen. Einige Eßlöffel der Sauce zu den Fischstücken geben. Alles durchmischen, in die Zwiebeln füllen. Diese in die Auflaufform setzen, Welsbrühe zugießen. Auflaufform mit Alufolie abdecken, in den Backofen (mittlere Schiene) setzen. Nach 25 Min. Alufolie entfernen, Zwiebeldeckel aufsetzen. Weitere 25 Min. garen, zwischendurch Zwiebeln mit der Brühe begießen. Zwiebeln aus der Form nehmen, die Zwiebel-Sahne-Mischung in die Brühe einrühren, Zwiebeln wieder in die Form setzen, mit feingehackter Petersilie bestreuen, in der Form servieren.

Gesottener Wels auf Wirsing

Zutaten für 4 Personen:
1 Wels (ca. 1.300 g) • je 1 Stück Mohrrübe, Sellerieknolle, Lauch, Petersilienwurzel • 1 Zwiebel • 1 Lorbeerblatt • 2 Gewürznelken • 1 EL Senfkörner • 1 EL weiße Pfefferkörner • 400 g Wirsing • 80 g Butter • geriebene Muskatnuß • Pfeffer aus der Mühle • Salz.
Sauce: 20 g Butter • 1 kleingeschnittene Schalotte • 80 ml trockener Weißwein (z.B. Chadonnay) • 100 ml Welsbrühe • 150 ml Sahne • 1 EL feingeschnittener Dill • 1 EL feingeschnittene Petersilie • frisch gemahlener Pfeffer • Salz • Zitronensaft • Tabasco (grün).

Beilage: Salzkartoffeln.

Nährwert pro Portion: ca. 600 kcal = ca. 2.500 kJ.

Hilfsmittel: länglicher Fischtopf, Topf, 2 Stieltöpfe, Haarsieb.

Zubereitungszeit: ca. 60 Min. **Garzeiten:** Fisch: ca. 20 Min. Wirsing: ca. 20 Min.

Zubereitung:
Wels häuten (s. S. 95), die Rückenflosse am Fisch belassen. Fischkörper mit Salz einreiben. Fischtopf mit reichlich Wasser aufsetzen. Geputztes, kleingeschnittenes Wurzelgemüse, Zwiebel, das Lorbeerblatt, Gewürznelken, Senf- und Pfefferkörner ins Wasser geben. Aufkochen und 5 Min. köcheln lassen. Fisch in den Sud setzen und zugedeckt bei mittlerer Hitze garziehen lassen.

Wirsingblätter waschen und klein schneiden. Im Topf die Hälfte der Butter zerlassen. Wirsing portionweise hineingeben und unter ständigem Rühren dünsten. Zwischendurch die restliche Butter zufügen. Gemüse mit geriebener Muskatnuß, Pfeffer und Salz würzen.

Sauce: Im Stieltopf Butter zerlassen, darin die Schalotte andünsten. Wein aufgießen, aufkochen. Welsbrühe zufügen, um ein Drittel einkochen. Sahne erhitzen und zur Sauce geben. Cremig einkochen, mit Pfeffer, Salz, Zitronensaft und Tabasco abschmecken. Vor dem Servieren durch ein Haarsieb seihen.

Aal *(Anguilla anguilla)*

Ein zur Familie der Aalartigen *(Apodes)* gehörender, schlangenartiger Fisch, dessen letzte Geheimnisse die Wissenschaft noch am Enträtseln ist. Sein Ursprung liegt im warmen Sargassomeer, ein sich zwischen den Bermudas und den Westindischen Inseln befindender, bis zu 6.000 m tiefer Teil des Atlantischen Ozeans. Die Tatsache, daß ein Aalweibchen nur einmal in seinem Leben laicht und anschließend abstirbt, wird durch überaus große Fruchtbarkeit wettgemacht: Jedes Weibchen sorgt mit 8 bis 9 Millionen (!) Eiern für die Erhaltung der eigenen Art, die durch vielerlei Einflüsse gefährdet ist. Im ersten Lebensstadium ähnelt der Aal einem rund 7 mm großen Weidenblatt. Milliarden dieser Weidenblatt-Larven werden vom Golfstrom im Verlauf von drei bis vier Jahren an europäische und nordafrikanische Küsten getragen, vor deren unmittelbarem Erreichen sie sich zum 6 bis 8 cm langen, durchsichtigen „**Glasaal**" wandeln. Als solche „stiegen" sie früher zu Millionen flußaufwärts, um in nahezu allen für sie erreichbaren Gewässern heranzuwachsen. Heute werden sie in millionenfacher Zahl im Mündungsgebiet der Flüsse in feinmaschigen Netzen gefangen, um als „**Besatzaal**" in Seen, Talsperren und Teichen ausgesetzt zu werden. Ein mengenmäßig beachtlicher Teil dieser Fänge wird in asiatische Länder, insbesondere nach China, verkauft, in denen Glasaal als hochpreisige Delikatesse gilt. Im Süßwasser dauert es Jahre (Schätzungen reichen von 7–25 Jahren), bis der Aal zur Laichreife herangewachsen ist und zurück zum Meer wandert, um ohne Nahrungsaufnahme in rund einem Jahr sein Laichgebiet, das Sargassomeer, wieder zu erreichen. Während die Aalmännchen, deren Lebensraum überwiegend die Küstengebiete und Flußmündungen sind, mit 50 cm Länge und Gewichten um 200 g relativ klein bleiben, erreichen die in Binnengewässern aufwachsenden Weibchen Längen bis zu 150 cm und Gewichte bis 6 kg. Je nach Art der Nahrung, auf die sich der nachtaktive Aal in seinem Gewässer spezialisiert hat, und der sich hieraus ergebenden Ausformung seines Mauls heißt er **Spitzkopf** (Wurm-, Krebs-, Insektenfresser) oder **Breitkopf** (Fisch-, Frosch- und Fleischfresser). Zeigt er gelben Bauch, wird er **Gelbaal** genannt. Glänzt dieser silbern, ist es ein Blank- oder **Silberaal**.

Abweichende regionale Namen, Laichzeit, Fangzeit

Aal
Breitkopf, Blankaal, Flußaal, Gelbaal, Silberaal, Sommeraal, Spitzkopf, Steigaal

Laichzeit:
jährlich im Sargassomeer
Laichwanderung Mai bis November

Fangzeit (regional zum Teil abweichend):
Juni bis September

Wissenswert:

In der kalten Jahreszeit hält der Aal eine Art Winterschlaf.

Um die Aalbestände langfristig zu sichern, laufen in Japan Versuche, ihn unter Sargassomeer-Bedingungen in Spezialbehältern zum Ablaichen zu bringen und die Aallarven bis zur Größe von Glasaalen heranzuziehen. Trotz erster Erfolge gilt der hierfür erforderliche technische Aufwand noch als zu kostspielig, als daß dies kommerziell ausgebaut werden könnte.

Aalblut gilt als giftig. Gelangt es in die Blutbahn, kann es zu gesundheitlichen Schädigungen kommen. Beim Erhitzen bzw. Räuchern des Aals werden die giftigen Bestandteile zersetzt und damit ungefährlich (s.a. „Wissenswertes in der Fischküche").

Der schlangenförmige Aal benötigt Süßwasser, um laichreif zu werden.

Aal küchenfertig machen

1. **Aal häuten:** Ihn in eine Schüssel legen, mit Salz abreiben und mit Wasser abspülen.

2. Hinter dem Kopf Haut rundum einschneiden. Von der Bauchseite her Haut rundum anlösen.

3. Gelöste Haut mit Tuch fassen, Kopf festhalten, Haut in Richtung Schwanz abziehen.

4. **Aal portionieren:** Flossensaum mit Schere abschneiden, aus Fischresten Brühe kochen.

1. **Aal filetieren:** Entlang der Rückenlinie bis auf die Bauchgräten einschneiden.

2. Bauchgräten mit der Schere am Rückgrat abschneiden. Filet in voller Länge ablösen.

3. Mit langem scharfem Messer die Bauchgräten durch Unterschnitt vom Filet abtrennen.

4. Je nach vorgesehener Verarbeitung die Filets ganz belassen oder in Stücke schneiden.

5. Zur weiteren Zubereitung vorbereitete Aalfilets, eines davon zur Aalschnecke eingerollt.

Grüner Aal in Dillsauce

Zutaten für 4 Personen:
1 Aal (ca. 700–800 g) • 30 g Butter • 2 Schalotten • 100 ml trockener Weißwein • 150 ml Sahne • 10–12 weiße Pfefferkörner • 1 Lorbeerblatt • 1 Stück Petersilienwurzel • 1 kleine Mohrrübe • 5 Zweige Dill • geriebene Ingwerwurzel • 10 ml Sherry • Pfeffer aus der Mühle • Salz • Kartoffelmehl.

Beilagen: Salzkartoffeln, mit Dill angemachter Gurkensalat.

Nährwert pro Portion: ca. 550 kcal = ca. 2.200 kJ.

Hilfsmittel: Stieltopf, Bratentopf, Meßgefäß, Haarsieb.

Zubereitungszeit: ca. 70 Min. **Garzeit:** Fisch: ca. 15–20 Min.

Zubereitung:
Aal häuten und in Stücke schneiden (s. S. 105), salzen. Aalhaut, -kopf und -schwanz beiseite stellen. Mohrrübe und Petersilienwurzel putzen und in Stücke schneiden. Schalotten klein schneiden. Vom Dill die dicken Stengel abschneiden, Dillblätter klein schneiden. Im Stieltopf Butter erhitzen, darin die Schalotten andünsten, Aalhaut, -kopf und -schwanz, Mohrrübe sowie Petersilienwurzel zugeben und anschmoren. Wein aufgießen, aufkochen lassen. Pfefferkörner, Dillstengel, Lorbeerblatt, etwas geriebenen Ingwer zugeben, mit Wasser bedecken. Ca. 15 Min. köcheln lassen. Im Bratentopf die Sahne erhitzen. Brühe durch ein Haarsieb zur Sahne gießen. Siebinhalt gut ausdrücken. Aalstücke einlegen und bei milder Hitze garen, dann herausnehmen. Feingeschnittenen Dill einrühren. Sauce mit Pfeffer, Salz und Sherry abschmecken, mit Kartoffelmehl binden. Aalstücke wieder in die Sauce geben, mit den Beilagen servieren.

Aal mit Trockenobst

(Foto vorige Seite)

Zutaten für 4 Personen:
2 Aale (à ca. 400 g) • 250 g Trockenobstmischung (Aprikosen, Äpfel, Zwetschgen, Rosinen) • 300 ml halbtrockener Weißwein • 20 g Butter • 1 feingeschnittene Zwiebel • 1 EL Zucker • Kartoffelmehl • Pfeffer aus der Mühle • Salz • Zitronensaft • Zucker.

Beilage: Reis.

Nährwert pro Portion: ca. 800 kcal = ca. 3.350 kJ.

Hilfsmittel: Küchenschere, Schüsseln, Stieltopf, Topf, Schaumlöffel.

Zubereitungszeit: ca. 45 Min. **Garzeit:** Fisch: 5–8 Min.

Zubereitung:
Aale häuten und in Stücke schneiden (s. S. 105). Flossensaum mit der Küchenschere abschneiden. Trockenobst in eine Schüssel geben, 200 ml Wein dazugießen und ca. 20 Min. weichen lassen. In einem Stieltopf die Butter erhitzen, die Zwiebel andünsten, mit Zucker bestreuen und mit dem restlichen Weißwein begießen. Bei milder Hitze ca. 5 Min. köcheln lassen. Das geweichte Trockenobst mit dem Weißwein zugießen und weitere 5 Min. bei milder Hitze köcheln lassen. Flüssigkeit mit Kartoffelmehl leicht binden, mit Pfeffer, Salz, Zitronensaft und Zucker abschmecken.

In einem Topf ausreichend Wasser zum Kochen bringen, 3 TL Salz zugeben, die in Stücke geschnittenen Aale einlegen. Bei milder Hitze gardünsten. Aalstücke mit dem Schaumlöffel herausnehmen und mit der Trockenobstsauce servieren.

> **Hinweis:**
> Je nachdem, wie der Aal zuvor ausgenommen wurde, verbleiben Reste der unter dem Rückgrat liegenden Niere im Endstück, erkennbar an einem Einschluß, der einem Blutgerinnsel ähnelt. Um diesen zu entfernen, wird das Aalstück auf der Bauchseite mit der Küchenschere aufgeschnitten und das „Blutgerinnsel" mit dem Messer oder einem Kaffeelöffel unter fließendem Wasser herausgeschabt. Verbliebe es im Fleisch, würde dieses später unangenehm bitter schmecken.

Aalfilet im Weinblatt

Zutaten für 4 Personen:
1 Aal (ca. 700–800 g) • 500 ml Weißwein (z.B. Riesling, Chadonnay) • 12–16 Weinblätter • Pfeffer • Salz. <u>Sauce:</u> Aalreste • 1 Zwiebel • je 1 Stück Mohrrübe, Sellerieknolle, Petersilienwurzel • 1 Lorbeerblatt • 30 g Butter • 1 Schalotte • 1 EL Mehl • 150 ml Weißweinsud • 2 EL frisch geriebener Meerrettich • Kartoffelmehl • Pfeffer • Salz • Zitronensaft.

Beilagen: Wildreisgemisch, Salat.

Nährwert pro Portion: ca. 450 kcal = ca. 1.900 kJ.

Hilfsmittel: Fischtopf mit Siebeinsatz, Suppenschüssel, Kochtopf, Haarsieb, Stieltopf.

Zubereitungszeit: ca. 80 Min. **Garzeit:** Fisch: ca. 8–10 Min.

Zubereitung:
Aal bis auf das Fleisch häuten, filetieren und entgräten (s. S. 105). Aalreste beiseite stellen. Filets in 5 cm breite Stücke schneiden, pfeffern und salzen. Je zwei Filetstücke übereinanderlegen, in ein Weinblatt einwickeln. Backofen auf 80° C vorheizen. Im Fischtopf den Wein erhitzen. Filets auf das Topfsieb legen und bei zurückgeschalteter Hitze im Dampf garen. Filets herausnehmen, 150 ml Weinsud zur Seite stellen. Rest vom Weinsud in Suppenschüssel gießen, Fischstücke einlegen, im Backofen warm halten.

Sauce: Aus Aalresten, Zwiebel, Wurzelgemüse, Lorbeerblatt einen Sud kochen. Im Stieltopf Butter erhitzen, darin die kleingeschnittene Schalotte andünsten. Mit Mehl bestreuen, glattrühren. 150 ml Weinsud aufgießen, aufkochen. 250 ml Aalsud durch Haarsieb zugießen. Sauce um ein Drittel einkochen. Geriebenen Meerrettich zufügen. Mit Pfeffer, Salz und Zitronensaft abschmecken.

Hinweis:
Weinblätter (gibt es in Salzlake oder im Glas auch zu kaufen) selbst gewinnen: Blätter in sprudelndem Salzwasser einzeln kurz überbrühen, dann jeweils auf Küchenkrepp legen und übereinandergestapelt einfrosten.

Tip:
Zwischen die Aalfilets dünne Scheiben passend zugeschnittenen Hartkäse, Salami oder eine dünne Schicht geriebenen Meerrettichs geben.

In Salzpanade gebratener Aal

Zutaten für 4 Personen:
1 Aal (ca. 700 g) • 100 g Butterschmalz • Mehl • 1 Ei • grobes Meersalz • Pfeffer aus der Mühle.

Beilagen: Bratkartoffeln, Salat.

Nährwert pro Portion: ca. 450 kcal = ca. 1.900 kJ.

Hilfsmittel: Küchenschere, Suppenteller, Gabel, Bratpfanne, Fleischgabel.

Zubereitungszeit: ca. 45 Min. **Garzeit:** Fisch: ca. 6–8 Min.

Zubereitung:
Aal ungehäutet in Stücke schneiden. Mit der Küchenschere Flossensaum abschneiden. Ei auf den Teller geben, pfeffern und mit der Gabel durchschlagen. Aalstücke zuerst im Mehl wenden, dann im Ei und Meersalz wälzen. In der Bratpfanne das Butterschmalz erhitzen. Darin bei zurückgeschalteter Hitze die Aalstücke von beiden Seiten braten. Mit den Beilagen servieren.

Tip:
Das Fett sollte in der Pfanne bereits erhitzt sein, wenn das erste Stück Aal paniert wird. Die Aalstücke sofort nach dem Wenden in Meersalz in die Pfanne geben.

Hinweis:
Damit sich beim Panieren mit Meersalz die Salzkristalle nicht gleich wieder ablösen, das Wenden im Salz mit der Fleischgabel durchführen. Diese hierfür seitlich ins Aalstück stechen. Die mit Salz beschichtete Haut wird vor dem Verzehr des Aals abgelöst und zur Seite gelegt. Das Fleisch selbst schmeckt würzig, ohne übersalzen zu sein.

Aalrolle auf buntem Gemüse

(Foto vorige Seite)

Zutaten für 4 Personen:
1 Aal (ca. 1.000 g) • 75 g Butter • 2 in Ringe geschnittene Zwiebeln • 100 g gestiftete Mohrrübe • 500 g geschnittener Chinakohl • 100 g Austernpilze • 150 g Blumenkohlröschen • 1 roter geschälter und in Stücke geschnittener Paprika • 100 g grüne Erbsen • 100 g in Streifen geschnittener Lauch • 150 g Sojabohnensprossen • Pfeffer aus der Mühle • Salz. <u>Sauce:</u> 20 g Butter • 2 Schalotten • 250 ml Hühnerbrühe (darf Instant sein) • 50 ml Apfelessig • 1 Fl. Honig • Kartoffelmehl • Sojasauce • Pfeffer • Salz • Zucker • Zitronensaft.

Beilage: Glasnudeln.

Nährwert pro Portion: ca. 900 kcal = ca. 3.750 kJ.

Hilfsmittel: 2 große Bratpfannen, davon eine mit Deckel, Stieltopf, Spicknadel, Küchengarn, Fischheber, große runde Servierplatte (kann auch eine Paellapfanne sein).

Zubereitungszeit: ca. 60 Min. **Garzeiten:** Fisch: ca. 6–8 Min. Gemüse: ca. 15 Min.

Zubereitung:
Aal innen salzen und pfeffern, dann zu einer Rolle drehen. Mit der Spicknadel hinter dem Kopf von der Bauchinnenseite und durch das anliegende Schwanzstück stechen, Küchengarn durchziehen und binden. In der Bratpfanne die Butter erhitzen, darin die Zwiebeln und die Mohrrübe andünsten. Hitze zurückschalten. Chinakohl, Austernpilze, Blumenkohl, Paprika, Erbsen, Lauch und Sojasprossen zufügen. Unter ständigem Rühren alles weich schmoren. Zum Schluß die Sauce zufügen, mit Pfeffer und Salz abschmecken. Auf kleiner Hitze warm halten.

Die zweite Bratpfanne zu zwei Drittel mit Wasser füllen, aufkochen und salzen. Die Aalrolle einlegen und bei mittlerer Hitze und geschlossenem Deckel garen. Auf der Servierplatte das Gemüse anrichten. Aal aus der Bratpfanne heben und auf dem Gemüse aufsetzen.

Sauce: Schalotten klein schneiden. Im Stieltopf die Butter erhitzen, die Schalotten andünsten. Hühnerbrühe angießen und aufkochen. Apfelessig und Honig zufügen, aufkochen. Mit Kartoffelmehl leicht binden, mit Sojasauce, Pfeffer, Salz, Zitronensaft und Zucker abschmecken.

Tip:
Statt das Gemüse aus den angegebenen Zutaten selbst herzustellen, kann auf entsprechende Tiefkühlkost-Angebote zurückgegriffen werden. In diesem Falle entfällt die Herstellung der würzenden Sauce.

Gebratener Aal mit grünem Spargel

Zutaten für 4 Personen:
1 Aal (ca. 1.000 g) • 800 g grüner Spargel • 30 g Butterschmalz • Mehl • Pfeffer aus der Mühle • Salz. <u>Sauce:</u> 1 Ei • 150 g Butter (zimmerwarm) • 20 ml trockener Weißwein • 1 TL feingeschnittener Dill • Pfeffer • Salz • Zitronensaft.

Beilage: Salzkartoffeln.

Nährwert pro Portion: ca. 750 kcal = ca. 3.125 kJ.

Hilfsmittel: Spargeltopf, Bratpfanne, Stieltopf, Schlagschüssel, Schneebesen.

Zubereitungszeit: ca. 45 Min. **Garzeit:** Fisch: ca. 2–3 Min.

Zubereitung:
Aal häuten und filetieren (s. S. 105). Im Spargeltopf Wasser erhitzen, salzen und den Spargel bei milder Hitze garziehen lassen. In der Bratpfanne Butterschmalz erhitzen. Aalfilets pfeffern und salzen, in Mehl wenden und braten.

Sauce: Ei in der Schlagschüssel mit der Butter durchschlagen. Im Stieltopf Wasser erhitzen, Schlagschüssel aufsetzen und den Inhalt solange schlagen, bis er cremig wird. Jetzt den Wein langsam zugießen und einarbeiten. Zum Schluß den Dill zugeben, mit Pfeffer und Salz würzen.

Tip:
Bereits beim Ansetzen gesalzenes Wasser benötigt mehr Zeit und damit Energie, bis es kocht, als ungesalzenes Wasser. Salz deshalb erst in das kochende Wasser geben.

Hinweis:
Die Verwendung eines ganzen Eies zur Herstellung einer warmen Buttersauce (Hollandaise, Béarnaise u.a.) und dessen Vermischung mit der zimmerwarmen Butter vor dem Aufsetzen aufs Wasserbad erfordern zwar eine längere Schlagzeit, doch ist die Gefahr, daß die Sauce gerinnt, wesentlich geringer. Ist sie erkaltet, dann kann sie in nicht zu heißem Wasserbad erneut aufgeschlagen werden, ohne daß sich Butter und Ei trennen.

Aalschnecken mit Mais-Gurken-Gemüse

Zutaten für 4 Personen:
2 Aale (à ca. 400–500 g) • 1 Dose Mais (ca. 400 g) • 1 mittelgroße Gurke oder Zucchini • 2 Schalotten • 30 g Butterschmalz • 50 ml Sahne • Pfeffer • Salz.

Beilage: Kartoffelpüree.

Nährwert pro Portion: ca. 750 kcal = 3.125 kJ.

Hilfsmittel: Bratpfanne oder Topf mit Deckel, Küchengarn.

Zubereitungszeit: ca. 50 Min. **Garzeit:** Fisch: ca. 5–7 Min.

Zubereitung:
Aal häuten und filetieren. Filets innen salzen und pfeffern und zu einer Schnecke eindrehen (s. S. 105). Schnecken mit Küchengarn binden. Gurke waschen, in Scheiben schneiden. Schalotten klein schneiden. In der Pfanne Butterschmalz erhitzen, darin die Schalotten andünsten. Mais und Gurkenscheiben zugeben, Deckel auflegen und bei milder Hitze 5–8 Min. garen. Pfeffern und salzen. Etwas Wasser angießen. Aalschnecken in die Pfanne geben, Sahne zugießen und bei geschlossenem Deckel garziehen lassen. In der Pfanne servieren.

Gebratener Aal mit Edelpilzen

Zutaten für 4 Personen:
1 Aal (ca. 700–800 g) • 300 g Edelpilze (Maronen, Steinpilze, Pfifferlinge u.a.) • 60 g Butterschmalz • Mehl • 2 Schalotten • 100 ml Sahne • Pfeffer aus der Mühle • Salz.

Beilagen: Kroketten, Salat.

Nährwert pro Portion: ca. 600 kcal = ca. 2.500 kJ.

Hilfsmittel: Stieltopf, Bratpfanne, Schaumlöffel, Haarsieb, Schüssel.

Zubereitungszeit: ca. 45 Min. **Garzeiten:** Fisch: ca. 6–8 Min. Pilze: ca. 10 Min.

Zubereitung:
Aal häuten, filetieren und in Stücke schneiden (s. S. 105). Pilze putzen, Pilzreste zur Seite stellen. Im Stieltopf die Sahne erhitzen, die Pilzreste zugeben und ca. 5 Min. köcheln. Topf vom Herd nehmen. Schalotten klein schneiden. Aalstücke pfeffern und salzen, in Mehl wenden. In der Bratpfanne die Hälfte des Butterschmalzes erhitzen, darin die Aalstücke braun braten. Mit dem Schaumlöffel herausnehmen, zur Seite stellen. Aus der Pfanne überschüssiges Fett abgießen. Restliches Butterschmalz in die Pfanne geben und erhitzen. Im Fett Schalotten andünsten, Pilze zugeben und braten. Sahne durch Haarsieb zugießen. Siebinhalt gut ausdrücken. Pfeffern und salzen. Aalstücke zu den Pilzen geben und erwärmen. Mit den Beilagen servieren.

Hinweis:
Werden tiefgefrostete Pilze verwendet, dann dürfen sie nicht normal auftauen, da sie sonst lappig werden und bitter schmecken. Sie werden in kochendes Wasser gegeben, nach 1 Min. abgeseiht und dann wie frische Pilze verarbeitet. Pfifferlinge (auch Dosenware!) müssen vor ihrer Verarbeitung in einer Sauce oder Suppe zuerst in heißem Fett angebraten werden, da sie nur so ihr volles Aroma entfalten.

Flußkrebse
(Astacidae, Cambaridae)

Größter Vertreter der Süßwasserkrebse ist der europäische **Edel-** oder **Flußkrebs** *(Astacus astacus)* – bis 1860 in europäischen Gewässern in großer Zahl anzutreffen. Männliche Tiere erreichen, entsprechendes Alter (bis zu 15 Jahre!) und Nahrung vorausgesetzt, Körperlängen (ohne Scheren!) von über 15 cm und Gewichte von 250 g und mehr. Weibchen sind kleiner und im Gewicht leichter. Unterscheiden lassen sich die Geschlechter aller Krebsarten an den Beinpaaren der ersten beiden Schwanzglieder. Beim Männchen sind sie als Begattungsgriffel ausgebildet und liegen an der Unterseite, nach vorne gerichtet, mittig an. Die nachfolgenden drei Beinpaare besitzen Schwimmfüßchen. Bei den Weibchen sind alle fünf an den Schwanzgliedern angeordneten Beinpaare mit Schwimmfüßchen ausgestattet. Europäischen Krebsbeständen zum Verhängnis wurde die „Krebspest", eine seuchenartige, erstmals um 1860 auftretende und durch einen Schlauchpilz hervorgerufene Krankheit. Aus Amerika eingeschleppt, rottete sie innerhalb weniger Jahre die europäischen Krebsbestände nahezu aus. Heute ist man bemüht, Edelkrebse aus Zuchtanstalten in krebsfreien Gewässern wieder anzusiedeln.

Europäisch sind auch drei weitere Krebsarten: Der **Galizier-** oder **Sumpfkrebs** *(Astacus leptodactylus)*, der **Steinkrebs** *(Austropotamobius torrentium)* und der **Dohlenkrebs** *(Austropotamobius pallipes)* – alle gegenüber der Krebspest überaus anfällig. Von wirtschaftlicher Bedeutung ist der „Galizier". In der Größe an den Edelkrebs heranreichend, wird er in großer Zahl in der Türkei, in den letzten Jahren auch in Rußland gezüchtet und als Speisekrebs nach Mitteleuropa und Skandinavien exportiert. Er ist jener Krebs, der in Gastronomie und Handel überwiegend angeboten wird.

Neben dem Galizier ebenfalls als Speisekrebse erhältlich sind der aus Nordamerika stammende **Louisiana-Flußkrebs** *(Procambarus clarkii)*, auch **Roter amerikanischer Sumpfkrebs** genannt, und der **Signalkrebs** *(Pacifastacus leniusculus)*. Der „Louisiana" wurde um 1973 in südspanische Gewässer ausgewildert und dank rascher Vermehrung und raschen Wachstums zu einem einträglichen Handelsobjekt. Wenige Jahre zuvor, um 1969, wurde der Signalkrebs zuerst in Schweden, dann in anderen europäischen Ländern als Ersatz für die dezimierten europäischen Krebse ausgewildert. Fremdling in unseren Gewässern ist der ebenfalls aus Nordamerika stammende **Kamberkrebs** *(Orconectes limosus)*. Er erreicht die Größe des Edelkrebses. Erste Kamberkrebse kamen Ende des 19. Jahrhunderts in norddeutsche Gewässer. Da alle amerikanischen Krebsarten als Träger des Krebspesterregers gelten, gegen den sie selbst immun sind, dürfen sie nicht in Gewässer gelangen, die noch von ihren europäischen Vettern besiedelt sind – was sich bei der Ausbreitungs- und Wanderfreudigkeit der Krebse leider nicht immer vermeiden läßt.

Krebsarten und ihre körperlichen Merkmale

Edel- oder **Flußkrebs**
Körperbau massig und gedrungen, mittel- bis dunkelbraune, vereinzelt auch blauschwarze Färbung der Panzerung. Unterseite der großen, breiten Scheren rot bis rotorange, Scherengelenk leuchtend rot.
Körpergröße und Gewicht: bis 15 cm und mehr und bis 300 g.
Handelsgewicht: 40–80 g.

Galizier- oder **Sumpfkrebs**
Massiger, stark bedornter Körper, hell- bis gelbbraune Färbung der Panzerung. Unterseite der langen, schmalen Scheren weißlichgelb, Scherengelenk weißlich.
Körpergröße und Gewicht: bis 15 cm und über 200 g.
Handelsgewicht: 30–60 g.

Steinkrebs
Dem Edelkrebs ähnlich, grau- bis grünlichgrau gefärbte Panzerung. Unterseite der großen, breiten Scheren blaßgelb bis weißlich, Scherengelenk gelblich.
Körpergröße und Gewicht: bis 10 cm und bis 100 g.
Im Handel nicht angeboten.

Dohlenkrebs
Dem Edelkrebs ähnlich, mittelbraun gefärbte Panzerung. Unterseite der großen, breiten Scheren gelblichbräunlich, Scherengelenk bräunlich.
Körpergröße und Gewicht: bis 12 cm und bis 130 g.
Im Handel nicht angeboten.

Kamberkrebs
Schlanker Körperbau, hell- bis mittelbraun gefärbte Panzerung, dunkelbraune Querbänder auf den

Schwanzstücken. Unterseite der sehr kleinen Scheren hellbraun, Scherengelenk hellbraun.
<u>Körpergröße</u> und <u>Gewicht:</u> bis 10 cm und bis 80 g.
<u>Im Handel nicht angeboten.</u>

Signalkrebs
Dem Edelkrebs ähnlich, mittel- bis dunkelbraune, z.T. ins Bläuliche reichende Färbung der Panzerung. Unterseite der großen, massigen Scheren mittelbraun, Scherengelenk bläulichweiß.
<u>Körpergröße</u> und <u>Gewicht:</u> bis 15 cm und mehr und bis 200 g und mehr.
<u>Handelsgewicht:</u> 40–90 g.

Roter amerikanischer Sumpfkrebs (Louisiana)
Kräftiger, spindelförmiger Körperbau, dunkelrote bis schwarze Färbung der Panzerung. Scheren mit roten, stumpfen Dornen besetzt. Unterseite der langen, schmalen Scheren und Scherengelenk dunkelrot bis schwarz.
<u>Körpergröße</u> und <u>Gewicht:</u> bis 12 cm und bis 150 g.
<u>Handelsgewicht:</u> 50–80 g.

Paarungszeit
September
Die Eier werden außerhalb des Körpers befruchtet. Das Weibchen trägt sie bis zum Schlüpfen der Krebse unter dem Schwanz und betreibt Brutpflege.

Schlupfzeit
Mai bis Juni

Angebotszeit
Aus Zuchtbetrieben ganzjährig

Fangzeit
Mai bis September

Von oben nach unten: Edelkrebs, „Galizier", Signalkrebs, „Louisiana".

Gewinnen von Krebsfleisch

1. Sud aus Wurzelgemüse kochen, abgebürstete Krebse kopfüber ins siedende Wasser geben.

2. Nach 5 Min. Kochzeit die inzwischen roten Krebse mit einem Schaumlöffel herausheben.

3. Krebse mit den benötigten Hilfsmitteln: Krebsgabel, -zange, -messer und Schüsseln.

4. Krebs mit der Bauchseite nach oben halten und die Scheren am ersten Gelenk abbrechen.

5. Die Beine einzeln durch eine leichte Drehbewegung unmittelbar am Körper ablösen.

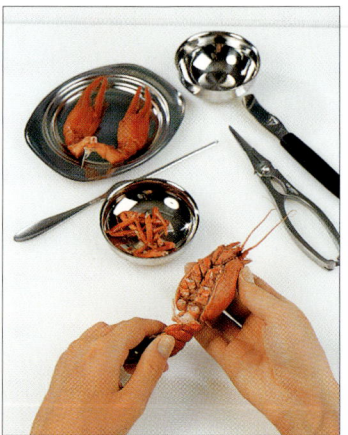

6. Krebsschwanz mit einer Hand fassen, mittels Links-rechts-Drehung vom Oberkörper abtrennen.

7. Rückenpanzer auf beiden Seiten vom Körper seitlich wegdrücken und vom Brustkorb lösen.

8. Rückenpanzer auseinanderbrechen und innen anliegende Häute mit den Fingern abziehen.

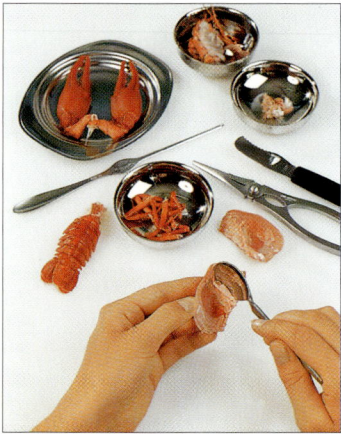

9. Mit einem Teelöffel die an der Krebsschale anhaftende „Krebsbutter" herausschaben.

Gewinnen von Krebsfleisch

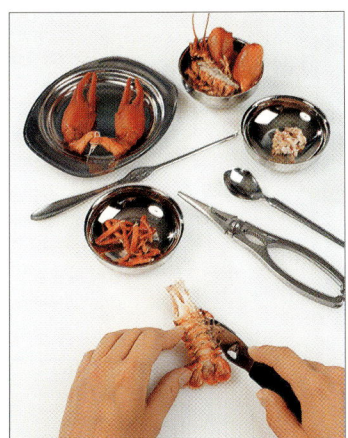

10. Schwanzfleisch auslösen: Von der Unterseite den Panzer mittels Krebsmessers seitlich auftrennen.

11. Unterseite mit Beinansätzen abheben, das Schwanzfleisch aus der Panzerung lösen.

12. Den im Schwanzfleisch liegenden Enddarm herausziehen oder durch Messerschnitt auslösen.

13. Scherenfleisch auslösen: Kleines Scherenglied nach außen drücken, brechen und abziehen.

14. Panzer an der Schmalseite des großen Scherengliedes mit der Krebszange auftrennen.

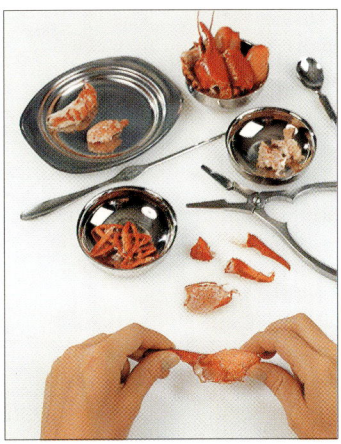

15. Scherenpanzer mit den Fingern auseinanderdrücken, Scherenfleisch entnehmen.

16. Aus verbliebenen Scheren- und Beinstücken Fleisch mit der Krebsgabel herausklauben.

17. Krebsfleisch zur Seite stellen, Krebsschalen im Mixer oder Wolf für eine Krebssauce zerkleinern.

18. Krebsschalen nach Rezept anrösten, Krebssauce (s. S. 124) herstellen, durch Sieb gießen.

Krebs-Zander-Ragout

Zutaten für 4 Personen:
10–12 Krebse (à ca. 60 g) • 400 g Zanderfilet • 20 g Butter • 1 kleingeschnittene Schalotte • 50 ml Sahne • 50 ml trockener Weißwein • 200 ml Hühnerbrühe (darf Instant sein) • Kartoffelmehl • 1 TL feingehackter Dill • Pfeffer aus der Mühle • Salz • Zitronensaft.

Beilagen: Nudeln, mit Zitronensaft angemachter Chicoréesalat.

Nährwert pro Portion: ca. 265 kcal = ca. 1.100 kJ.

Hilfsmittel: Kochtopf, Schaumlöffel, Krebszange, -messer, -gabel, Küchenmaschine mit Mixmesser, Fleischwolf, Bratpfanne, Haarsieb, Bratentopf.

Zubereitungszeit: ca. 70 Min. **Garzeiten:** Krebse: ca. 10 Min. Fisch: ca. 5 Min.

Zubereitung:
Krebse im Salzwasser kochen, das Krebsfleisch auslösen (s. S. 119), Krebsschwänze beiseite stellen. Krebsschalen im Mixer grob zerkleinern, durch den Fleischwolf drehen. Zanderfilet in Stücke schneiden. In der Bratpfanne die Butter erhitzen, Krebsschalen und Schalotte darin anrösten. Sahne aufgießen und einkochen. Weißwein und Hühnerbrühe zugießen und ca. 5 Min. bei mittlerer Hitze köcheln. Flüssigkeit durch Haarsieb in den Bratentopf gießen. Sauce mit Kartoffelmehl leicht binden. Zanderstücke einlegen und garziehen lassen. Krebsfleisch und Dill zum Ragout geben, erwärmen. Mit Pfeffer, Salz und Zitronensaft abschmecken.

Hinweis:
Statt Zanderfilet kann auch Hecht- oder Welsfilet verwendet werden. Verfügt man über einen Fischsud von Zander, Hecht oder Wels, dann sollte dieser anstelle der Hühnerbrühe zur Saucenherstellung verwendet werden.

Krebse aus dem Würzsud

(Foto vorige Seite)

Zutaten für 4 Personen:
24–32 Krebse (à ca. 60–80 g) • 20 g Butter • 2 Zwiebeln • 100 ml trockener Weißwein • 4 Stengel Dill • 4 Stengel Petersilie • 1 Lorbeerblatt • 10 weiße Pfefferkörner • 1 TL Salz • 2 EL Kümmel • 1 EL Salz. <u>Warme Sauce:</u> 20 g Butter • 1 feingeschnittene Schalotte • 1 EL Mehl • 3 EL Tomatenmark • 1 TL Currypulver • 1 TL Rosenpaprika • 200 ml Krebssud • 1/2 Becher Crème fraîche • 20 ml Weinbrand • 1 EL feingewiegter Dill • Pfeffer aus der Mühle • Salz • Zitronensaft. Kalte Saucen: <u>1.:</u> 3 EL Mayonnaise • 3 EL Ketchup • 1 Eigelb • 1 TL Curry • 1 TL Rosenpaprika • 10 ml Cognac (Weinbrand) • 1 TL feingeschnittener Dill • Pfeffer aus der Mühle • Salz. <u>2.:</u> 1/2 Becher Crème fraîche • Tabasco (grün) • Pfeffer aus der Mühle • Salz • 1 TL feingeschnittener Dill. <u>3.:</u> 3 EL milder Senf • 3 EL Joghurt • 1 TL Zucker • Worcestershiresauce • Pfeffer • Salz • 1 TL feingeschnittene Petersilie.

Beilagen: Naturreis, Baguette, Salat.

Nährwert pro Portion: ca. 215 kcal = ca. 895 kJ.

Hilfsmittel: Suppentopf, Schaumlöffel, Stieltopf, Haarsieb, Krebszangen, -messer, -gabeln, kleine Schüsseln, Servierplatte, Schälchen.

Zubereitungszeit: ca. 40 Min. **Garzeit:** Krebse: ca. 10 Min.

Zubereitung:
Backofen auf 80° C vorheizen. Zwiebeln schälen und fein hacken. Im Suppentopf die Butter erhitzen. Die Zwiebeln darin andünsten. Weißwein angießen. Dill und Petersilie zugeben. 1,5 l Wasser aufgießen. Lorbeerblatt, Pfefferkörner zugeben, aufkochen, Kümmel einstreuen. Krebse mit dem Kopf voran in das siedende Wasser geben. Gegarte Kebse mit Schaumlöffel herausheben, auf Servierplatte legen und im Backofen warm halten.

Warme Sauce: Im Stieltopf Butter erhitzen, darin die Schalotte andünsten. Mehl zufügen und alles glattrühren, bis das Mehl Blasen wirft. Tomatenmark einrühren, Curry- und Paprikapulver zufügen. Krebssud durch Haarsieb zugießen. Sauce aufkochen, Crème fraîche einrühren, Weinbrand und Dill zufügen. Mit Pfeffer, Salz und Zitronensaft abschmecken.

Kalte Saucen: Die jeweiligen Zutaten miteinander verrühren, mit den Gewürzen abschmecken.

> **Hinweis:**
> Die Krebse werden erst bei Tisch zerlegt, so daß kleine Schüsseln zur Aufnahme der Überreste, Krebszange, -messer und -gabel sowie Schälchen mit warmem Zitronenwasser zum Reinigen der Finger sowie Servietten eingedeckt werden.

Krebsbutter:
Krebsschalen mit kochendem Wasser überbrühen und zu einer Krebsbutter verarbeiten.

Zutaten:
250 g Butter • 30 ml Weinbrand.

Hilfsmittel: Küchenmaschine mit Mixmesser, Fleischwolf, Bratpfanne, Kochlöffel, Haarsieb, Schüssel.

Zubereitung:
Krebsschalen im Mixer grob zerkleinern, durch den Fleischwolf drehen. Butter in der Bratpfanne erhitzen, Krebsmasse und Weinbrand hineingeben. Bei mittlerer Hitze und unter ständigem Umrühren 10–15 Min. schmoren. 0,5 l heißes Wasser zugießen, alles ca. 8 Min. köcheln. Flüssigkeit durch Haarsieb in eine Schüssel gießen. Über Schalenreste im Sieb 1 Tasse heißes Wasser gießen. Mit Kochlöffel gut ausdrücken. Flüssigkeit erkalten lassen, Schüssel in den Kühlschrank stellen. Steif gewordene Krebsbutter abheben, portionieren und einfrosten.

> **Hinweis:**
> Krebse sind ein hochpreisiges Produkt, das man sich nur zu besonderer Gelegenheit und in begrenzter Stückzahl leisten wird. Gewählt werden dann Zubereitungen, die weniger Krebse bedürfen. Krebsbutter verstärkt deren köstliches Aroma.

Lasagne mit Krebsfleisch

Zutaten für 4 Personen:
10–12 Krebse (à ca. 60–80 g) • 125 g Butter • 12 Lasagneplatten (Fertigprodukt) • 150 g entrindetes Weißbrot • 80 ml Sahne • 1 Ei • 4 EL flüssige Krebsbutter • 2 EL feingehackter Dill • Pfeffer aus der Mühle • Salz • 2 EL Butter • 2 EL geraspelter Parmesan. <u>Sauce:</u> 1 TL Butter • 2 feingehackte Schalotten • 3 EL Krebsbutter • 200 ml Sahne • frisch gemahlener Pfeffer • Salz • Zitronensaft.

Beilage: Salat.

Nährwert pro Portion: ca. 750 kcal = ca. 3.125 kJ.

Hilfsmittel: Kochtopf, Krebszange, -messer, -gabel, Küchenmaschine mit Mixmesser, Fleischwolf, kleine Bratpfanne, Haarsieb, Schöpfkelle, Schüsseln, Stieltopf, Küchensieb, Fettpinsel, Lasagne- oder Auflaufform, Frischhaltefolie, Alufolie.

Zubereitungszeit: ca. 90 Min. **Garzeiten:** Krebse: ca. 10 Min. Lasagne: 40 Min.

Zubereitung:
Krebse in leicht gesalzenem Wasser kochen. Krebsfleisch auslösen (s. S. 119) und beiseite stellen. Aus den Krebsschalen eine Krebsbutter herstellen (s. S. 122). Weißbrot im Mixer zerreiben, in eine Schüssel geben. Sahne, Ei, Dill, 4 EL flüssige Krebsbutter zufügen. Krebsfleisch klein schneiden, zum Weißbrot geben, pfeffern und salzen. Alles gut durchmengen. Backofen auf 180° C vorheizen. Lasagnescheiben in Salzwasser kurz kochen, auf Sieb geben, kalt abspülen, einzeln zwischen Frischhaltefolie legen. Lasagneform mit Butter ausstreichen. Zwei Lasagneplatten in die Form legen. Dünn mit Krebsmasse beschichten. 1 EL Sauce aufträufeln. Wechselweise restliche Lasagneplatten und Krebsmasse einschichten. Jede Schicht mit Sauce beträufeln. Restsauce über die Lasagne gießen. Form mit Alufolie abdecken, in den Backofen (mittlere Schiene) geben. Nach 30 Min. Alufolie entfernen, Parmesan aufstreuen, Butterflocken aufsetzen, fertigbacken.

Sauce: Im Stieltopf Butter erhitzen, darin Schalotten andünsten. Sahne aufgießen, Krebsbutter zufügen, cremig einkochen. Pfeffern und salzen, mit Zitronensaft abschmecken. Sauce durch Haarsieb gießen.

Krebstöpfchen

Zutaten für 4 Personen:
12–16 Krebse (à ca. 80 g) • 400 g Forellenfilet • 30 ml Sahne • 2 Eiweiß • 1 EL feingehackte Petersilie • Pfeffer aus der Mühle • Salz • Butter. Sauce: 30 g Butter • 50 ml Sahne • 100 ml Milch • Kartoffelmehl • frisch gemahlener Pfeffer • Salz • Zitronensaft • rote Pfefferkörner.

Beilagen: Reis, mit Zitronensaft und Zucker angemachter Blattsalat.

Nährwert pro Portion: ca. 265 kcal = ca. 1.100 kJ.

Hilfsmittel: Topf, Krebszange, -messer, -gabel, Küchenmaschine mit Mixmesser, Fleischwolf, Schüssel, 4 Timbaletöpfchen, Alufolie, Bräter mit Siebeinsatz und Deckel, Bratpfanne, Haarsieb, Stieltopf.

Zubereitungszeit: ca. 70 Min. **Garzeiten:** Krebse: ca. 10 Min. Krebs-Fisch-Mus: ca. 25 Min.

Zubereitung:
Krebse in leicht gesalzenem Wasser kochen. Krebsfleisch auslösen (s. S. 119), beiseite stellen. Forellenfilet im Tiefkühlfach kurz vorkühlen, klein schneiden, zusammen mit kleinen Krebsfleischteilen, Sahne, Eiweiß und Petersilie im Mixer pürieren. Pfeffern, salzen, kühl stellen. Bis auf vier Krebsschwänze Krebsfleisch klein schneiden und mit dem Fischmus vermischen. Im Bräter Wasser erhitzen. Timbaltöpfchen ausbuttern, auf den Boden je einen Krebsschwanz legen, Fisch-Krebs-Masse einfüllen. Mit gebutterter Alufolie abdecken, auf das Brätersieb setzen und bei mittlerer Hitze garen. Herausnehmen, etwas abkühlen lassen und stürzen.

Sauce: Krebsschalen im Mixer grob zerkleinern, durch den Fleischwolf drehen. In der Bratpfanne Butter erhitzen, Krebsschalen darin anrösten. Sahne zugießen und ca. 5 Min. kochen. Durch Haarsieb in den Stieltopf gießen, Milch zufügen, aufkochen. Mit Kartoffelmehl leicht binden, mit Pfeffer, Salz und Zitronensaft abschmecken. Krebstöpfchen auf dem Teller anrichten, Sauce zugießen, rote Pfefferkörner aufstreuen.

Flambierte Krebse in Cognac-Pfeffer-Sauce

Zutaten für 4 Personen:
20 Krebse (à ca. 60–80 g) • 20 g Butter • 1 feingeschnittene Schalotte • 30 ml Cognac (Weinbrand). <u>Sauce:</u> 250 ml Sahne • 5 EL Krebsbutter (s. S. 122) • 2 EL grüne Pfefferkörner (aus dem Glas) • Salz.

Beilagen: Kartoffelpüree, Salat.

Nährwert pro Portion: ca. 375 kcal = 1.560 kJ.

Hilfsmittel: Topf, Bratpfanne, Haarsieb, Stieltopf, Streichhölzer.

Zubereitungszeit: ca. 70 Min. **Garzeit:** Krebse: ca. 10 Min.

Zubereitung:
Krebse in leicht gesalzenem Wasser kochen. Krebsfleisch gewinnen (s. S. 119), Krebsscheren und -schwänze sowie kleines Krebsfleisch getrennt beiseite stellen. Schalen zur Gewinnung der Krebsbutter verwenden. In der Bratpfanne Butter erhitzen, darin Schalotte, Krebsscheren und -schwänze kurz anbraten, Sauce zugießen und alles erhitzen. Cognac aufgießen, flambieren.

Sauce: Grüne Pfefferkörner auf das Sieb geben, kalt abspülen, abtropfen lassen. Im Stieltopf Sahne mit der Krebsbutter erhitzen und etwas einkochen. Pfefferkörner zufügen und ca. 3 Min. mitköcheln. Mit Salz abschmecken.

Fischrogen und -milch

Sowohl die **Eier** *(Rogen)* als auch der **Samen** *(Milch)* von Fischen gelten unter Kennern dieser Köstlichkeiten als besondere Delikatesse. Daß sie dennoch von vielen verschmäht werden, mag daran liegen, daß die Kenntnis ihrer Verwertung in der Fischküche nicht allzuweit verbreitet ist. Auch die Tatsache, daß sie im Handel meist nicht separat angeboten werden, dürfte mit ein Grund hierfür sein. Vor allem um die Weihnachtszeit, wenn die Nachfrage nach Karpfen und Forellen besonders stark ist, wandern Rogen und Milch dieser Fische mangels entsprechenden Käuferinteresses zentnerweise in den Abfall. Gleiches geschieht mit Rogen und Milch anderer Fische, die im Lauf des Jahres gefangen werden.

Bis auf den Rogen und die Milch von **Barben** und **Äschen**, beide als giftig eingestuft, können von den übrigen Süßwasserfischen stammende Rogen und Milch unbedenklich gewonnen (s. S. 127), zubereitet und verzehrt werden. In leicht gesalzenem Wasser oder im Fischsud gekocht, dienen sie als Einlage für eine Fischsuppe oder als Bereicherung für eine Fischterrine. Gegarter Rogen und Milch, gepfeffert, gesalzen und mit Zitronensaft beträufelt, schmecken sowohl warm als auch kalt.

Eine besondere Variante der Verwertung von Fischrogen stellt dessen Verarbeitung zu Kaviar dar (s. S. 127). Allerdings ist hier eines unabdingbar: Der Rogen muß Laichreife aufweisen – etwas, das z.B. bei Forellen in den Monaten November bis Januar gegeben ist. Am leichtesten läßt sich dieser Rogen gewinnen, indem man ihn aus der lebenden Forelle in eine Schüssel ausstreift. Dabei wird der Bauch des Fisches mit einer Hand unter leichtem Druck vom Kopf in Richtung Schwanz massiert. Das erspart einem, die den Rogen im Bauchinneren umhüllenden Häute zu entfernen. Die Fischeier werden anschließend in kaltem Wasser kurz gewaschen, auf einem Sieb abgetropft und dann mit Salz vermischt. 3–4 g Salz pro 100 g Fischrogen reichen aus, um ihn schließlich im vorab sterilisierten Glas (s. S. 132) zum Kaviar reifen zu lassen. Bereits nach 6–8 Tagen ist er mild durchgepökelt und verzehrfähig.

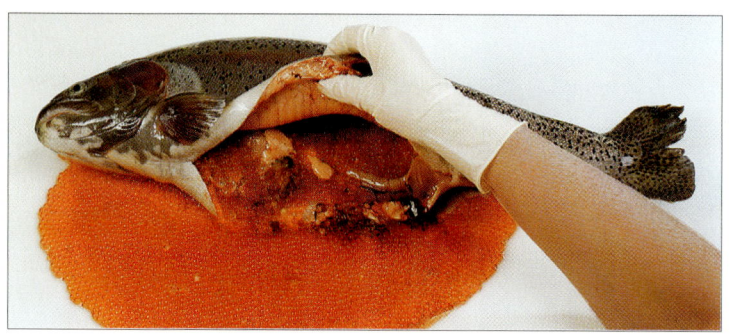

Lachsforelle, bei der bereits beim Eröffnen der Bauchhöhle der laichreife Rogen herausgeperlt ist. Er wird gewonnen und zu Kaviar veredelt.

Gewinnung von Fischrogen, -milch, Kaviar

1. **Beispiel Karpfen:** Beim Ausnehmen der Fische gewonnener Rogen.

2. Die den Rogen umspannende Haut mit den Fingern ablösen.

3. Gekochter Rogen, der zuvor 15 Min. in Salzwasser gewässert wurde.

4. Beim Ausnehmen der Fische gewonnene Karpfenmilch.

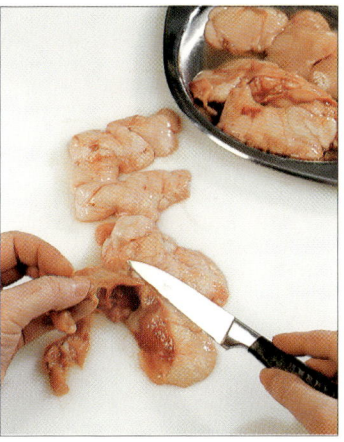

5. Die an der Milch anhaftenden Häute mit dem Messer ablösen.

6. In Salzwasser gewässerte Karpfenmilch zum Kochen oder Braten.

7. **Kaviar** (Lachsforelle): Fischeier mittels Löffels von der Haut lösen.

8. Fischeier in kaltem Wasser waschen, auf Sieb abtropfen lassen.

9. Fischeier mit Salz (3 g pro 100 g) vermischen, in Gläser füllen.

Fischrogen-Quark

Zutaten für 4 Personen:
200 g abgekochter Fischrogen • 400 g Quark • 1 EL feingeschnittener Dill • Pfeffer aus der Mühle • Salz.

Beilagen: Pellkartoffeln, zerlassene Butter.

Nährwert pro Portion: ca. 230 kcal = ca. 960 kJ.

Hilfsmittel: Schüssel, elektrischer Rührstab.

Zubereitungszeit: ca. 20 Min.

Zubereitung:
Den Fischrogen mit dem Quark und dem Dill in eine Schüssel geben, pfeffern und salzen. Durchrühren und mit Pfeffer und Salz abschmecken.

Hinweis:
Der Fischrogen-Quark kann auch als Brotaufstrich oder als Füllung für Tomaten verwendet werden, die man als Vorspeise reicht oder in einem kalten Buffet einsetzt.

Gebratene Fischmilch

Hinweis:
Da die Fischmilch ein sehr empfindliches, leicht am Pfannenboden anhaftendes Bratgut ist, wird zum Braten eine mit einer Anti-Haft-Beschichtung versehene Pfanne verwendet. Steht nur eine normale Bratpfanne zur Verfügung, dann ist die angegebene Fettmenge zu verdoppeln.

Zutaten für 4 Personen:
400 g Fischmilch (z.B. vom Karpfen) • 40 g Butter • 1–2 in Scheiben geschnittene Zwiebeln • Pfeffer aus der Mühle • Salz • Zitronensaft.

Beilagen: Kartoffelpüree, Salat.

Nährwert pro Portion: ca. 250 kcal = ca. 1.050 kJ.

Hilfsmittel: Schüssel, Sieb, Bratpfanne mit Anti-Haft-Beschichtung, Bratenwender für beschichtete Pfannen oder aus Holz.

Zubereitungszeit: ca. 40 Min. **Garzeit:** ca. 6–8 Min.

Zubereitung:
Fischmilch, soweit erforderlich, häuten. In gesalzenem Wasser ca. 15 Min. wässern. Auf dem Sieb abtropfen lassen. Bratpfanne erhitzen, die Butter darin schmelzen lassen. Fischmilch bei zurückgeschalteter Hitze in der Butter braten. Nach dem Wenden des Bratgutes Zwiebelscheiben in die Pfanne geben und mitbräunen. Fischmilch pfeffern, salzen und mit Zitronensaft beträufeln. Mit den Beilagen servieren.

Tip:
Statt die Fischmilch in ganzen Stücken zu braten, kann sie auch klein geschnitten und in der Pfanne mit zwei zu Rührei zerschlagenen Eiern gebraten werden. Zum Schluß werden Schnittlauchröllchen untergemischt.

Fischsuppen

Süßwasserfische haben die Eigenart, im Aroma dezenter zu sein als ihre maritimen Artgenossen. Dies gilt es, bei der Herstellung einer Fischsuppe zu beachten, deren Grundlage Forellen, Barsche, Zander, Hechte, Schleien, Karpfen, aber auch Döbel, Rotauge, Rotfeder oder Brasse sind. Je mehr an Teilen von ihnen verfügbar ist, desto größer ist die Chance, einen kräftigen, fischtypischen Eigengeschmack zu erzielen. Damit die aus den Fischteilen gezogene Brühe als Grundlage für die spätere Suppe keinen unangenehmen Beigeschmack erhält, sollten folgende Grundsätze beachtet werden:

Aus den Köpfen müssen sämtliche Kiemen, von den Rückengräten alle dunklen, blutähnlich erscheinenden Teile entfernt werden. Bei letzteren handelt es sich meist um Reste der unter dem Rückgrat verlaufenden Niere. Mit einer Bürste und unter fließendem Wasser lassen sie sich auch aus den kleinsten Knochenvertiefungen herauslösen. Wegzuschneiden sind auch gelblich schimmernde Fleischteile, die sich hin und wieder im Bauchlappenbereich finden. Diese Gelbfärbung ist meist eine Folge der Verletzung der Gallenblase und auslaufender Gallenflüssigkeit – was sich beim Ausnehmen der Fische nicht immer vermeiden läßt. Wird dies sofort festgestellt und die Bauchhöhle mit klarem Wasser gründlich ausgespült, so daß die Gelbfärbung des Fleisches gar nicht erst erfolgt, wirkt sich dies auch nicht auf den späteren Geschmack aus. Sodann werden sämtliche für die Herstellung einer Fischsuppe vorgesehenen Fischstücke in einer großen, mit kaltem Wasser gefüllten Schüssel 10–15 Min. gewässert und nachfolgend nochmals auf einem Sieb kalt abgespült.

Während die Zugabe von Wein bei aus Seefischen hergestellten Suppen fast als Pflicht gilt, vermag der Rebensaft bei verschiedenen aus Süßwasserfischen hergestellten Brühen deren Eigengeschmack zu mindern, wenn nicht gar zu unterdrücken. Dies gilt vor allem bei Brühen, die aus Teilen von Forellen, Schleien und Karpfen geköchelt werden. Verstärken läßt sich der feine Geschmack dieser Brühen, wenn sie nach Beendigung des Kochvorganges samt Inhalt über Nacht stehenbleiben und dann nochmals aufgekocht werden. Ein erprobtes Mittel zur Intensivierung des feinen Eigengeschmacks ist auch die reichliche Verwendung von frisch gemahlenem Weißem Pfeffer, mit dem die fertige Suppe abschließend nachgewürzt wird. Er regt die sich im Gaumen- und Zungenbereich befindenden, uns den Geschmack vermittelnden Zellen an, so daß das feine Fischaroma stärker empfunden wird.

Daß es nicht immer des Kaufes eines ganzen Fisches bedarf, um Teile für eine Fischsuppe zu Verfügung zu haben, wissen all jene, die bei ihrem Fischhändler nach Fischresten nachfragen. Händler, die z.B. ihre Lachse für den Verkauf des Lachsfilets selbst filetieren, heben einem gerne deren Köpfe, Mittelgräten und Schwanzflossen auf. Während Lachsreste praktisch ganzjährig erhältlich sind, kann man um die Weihnachtszeit und den Jahreswechsel von Käufern verschmähte Köpfe und Schwanzstücke vom Karpfen erhalten. Die aus diesen hergestellte Suppe stellt eine besondere Delikatesse dar. Auch mancher Angler freut sich, wenn er mit einigen kleinen Weißfischen für eine Fischsuppe aufwarten kann. Kopf, Flossen, Haut und Mittelgräte, die allzuoft als „Abfall" entsorgt werden, eignen sich für die Herstellung einer Fischbrühe oder -suppe ebenso wie gleiches von geräucherten Fischen. Abschließend eine über Jahre gewonnene Erkenntnis: Brühen von im Süßwasser lebenden Raubfischen, ausgenommen Forelle, sind aromatischer als jene von Friedfischen. Wie sie zu einer den Gaumen erfreuenden Suppe verfeinert werden, bestimmt letztlich die Zubereitung, für die nachfolgend einige erprobte Anregungen gegeben werden.

Fischbrühe *(Grundrezept)*

Zutaten:
750–1.000 g Fischreste (Köpfe, Schwänze, Haut, Gräten) • 50 ml Pflanzenöl • 100 g Lauch • 50 g Mohrrübe • 75 g Knollensellerie • 50 g Petersilienwurzel • 1 Zwiebel • 40 g Dillstengel • 3 g Ingwerwurzel • 6 Wacholderbeeren • 1 Lorbeerblatt • 1 EL schwarze Pfefferkörner • 1 EL Senfkörner • 150–300 ml trockener Weißwein (z.B. Riesling) • 1 TL Salz.

Hilfsmittel: Küchen- oder Rosenschere, große Schüssel, Küchensieb, großer Suppentopf oder Bräter (Schnellkochtopf), Kochlöffel, Schaumlöffel, Haarsieb, Durchseihtuch (Windel), Entfettungsgefäß, kleine Gläser mit Twist-off-Verschluß, Einfriergefäße.

Zubereitungszeit: ca. 50 Min. **Garzeiten:** Kochtopf oder Bräter bei mittlerer Hitze: 30–40 Min., Schnellkochtopf (Stufe II): 15 Min.

Zubereitung:
Fischreste mit der Schere zerkleinern, in eine Schüssel geben und wässern. Auf dem Sieb unter fließendem kaltem Wasser klarspülen, abtropfen lassen. Wurzelgemüse klein schneiden. Pflanzenöl im Topf erhitzen. Fischteile hineingeben und andünsten. Wurzelgemüse und Gewürze ebenfalls andünsten. Wein angießen, aufkochen lassen. Alles mit Wasser bedecken und bei mittlerer Hitze köcheln. Zwischendurch mit dem Schaumlöffel abschäumen. Topf vom Herd nehmen, Inhalt auf Handwärme abkühlen lassen. Brühe durch ein mit einem Tuch ausgelegtes Sieb gießen. Brühe nach Belieben weiter einkochen. Über das Entfettungsgefäß entfetten (s. S. 19). In die Gläser füllen und einkochen oder in Gefäßen einfrosten.

Tip:
Statt die Brühe in Gläsern einzukochen, kann auch wie folgt verfahren werden: Gläser in der Mikrowelle sterilisieren (höchste Leistungsstufe, 1 Min.), Deckel kurz in kochendes Wasser legen. Heiße Brühe in die Gläser füllen, mit Deckel verschließen. Beiseite stellen und abkühlen lassen. Den Verschluß von Zeit zu Zeit auf Dichtigkeit kontrollieren.

Hinweise:
Fischbrühen können sowohl von nur einer Fischart, aber auch aus den Resten verschiedener Süßwasserfische hergestellt werden.

Im Schnellkochtopf hergestellte Fischbrühen enthalten auch nach dem Durchseihen durch ein Tuch Schwebstoffe. Derartige Brühen eignen sich vor allem für mit Sahne angereicherte Fischsuppen.

Ein besonders kräftiges Aroma erhält die Brühe, wenn sie unabgeseiht über Nacht an einem kühlen Ort ruhen kann. Die gelierte Flüssigkeit wird dann erhitzt und wie beschrieben abgeseiht.

Erscheint die Brühe nicht klar genug, wird sie in kaltem Zustand mit 2–3 geschlagenen Eiweiß und einigen Eiswürfeln versetzt und unter ständigem Durchschlagen mittels eines Schneebesens langsam erhitzt. Kurz vor dem Aufkochen wird das Eiweiß abgeschöpft. Sobald die Brühe aufgekocht hat, wird sie erneut durch ein Tuch geseiht.

Abgeschöpftes Fett in einem eigenen Behältnis einfrieren. Ein TL hiervon verleiht jeder Fischsuppe oder -sauce zusätzliches Aroma.

Haltbarkeit:
Brühe, im Glas eingekocht, bis zu 6 Monaten, heiß abgefüllt bis zu 3 Monaten, eingefrostet bis zu 6 Wochen. Fischfett, eingefrostet, bis zu 3 Monaten.

Fischklößchen in Brokkoli-Suppe

Zutaten für 4 Personen:
300 g Fischfleisch (Hecht, Zander, Weißfisch) • 75 ml Sahne • 1 Eiweiß • 1 TL feingeschnittener Dill • 800 ml Fischbrühe (s. S. 132) • 150 g Brokkoli • 100 ml Sahne • Tabasco (grün) • Ingwerwurzel • Zitronensaft • Pfeffer aus der Mühle • Salz • Kartoffelmehl.

Beilage: Baguette.

Nährwert pro Portion: ca. 300 kcal = ca. 1.250 kJ.

Hilfsmittel: Küchenmaschine mit Mixmesser, Passiersieb, Kochtopf, Schüssel, 2 Eßlöffel.

Zubereitungszeit: ca. 40 Min. **Garzeit:** Fisch: ca. 8 Min.

Zubereitung:
Fischfleisch in Stücke schneiden, pfeffern und salzen, im Tiefkühlfach 5 Min. kühlen. Fischstücke mit 50 ml Sahne im Mixer pürieren, durch Passiersieb drehen, nochmals 5 Min. kühlen. Fischbrühe im Topf erhitzen. Eiweiß steif schlagen, zusammen mit der restlichen Sahne und dem Dill in das Fischmus einarbeiten. Mit in heißes Wasser getauchten Löffeln Klöße formen und in der Fischbrühe garziehen lassen. Klöße herausnehmen und warm halten. Brokkoli in die Brühe geben, aufkochen. Suppe in den Mixer gießen, 100 ml Sahne zufügen und pürieren. Erneut aufkochen. Mit Zitronensaft, geriebenem Ingwer, Tabasco, Pfeffer und Salz abschmecken. Mit Kartoffelmehl leicht binden. Klößchen in die Suppe geben und servieren.

Tip:
Damit die Brokkoliröschen schön grün bleiben, können sie vor dem Garen in der Suppe in kochendem Wasser, dem 1 gestr. TL Natron zugesetzt wurde, kurz überbrüht werden. Anschließend werden sie auf einem Sieb kalt abgespült.

Hechtsuppe mit feinen Gemüsestreifen

Zutaten für 4 Personen:
300 g Hechtfilet • 800 ml Hechtbrühe (s. S. 132) • 20 g Butter • 1 kleingeschnittene Schalotte • 50 ml trockener Weißwein • je 1 Stück Sellerieknolle, Porree, Mohrrübe • Ingwerwurzel • Pfeffer aus der Mühle • Salz.

Beilage: Baguette.

Nährwert pro Portion: ca. 150 kcal = ca. 625 kJ.

Hilfsmittel: Suppentopf, Schaumlöffel, Teller, Löffel, Gabel, Stieltopf, Haarsieb, Schüssel, Meßgefäß, kleine Reibe, Julienneschneider.

Zubereitungszeit: ca. 25 Min. **Garzeit:** Fisch: ca. 6 Min.

Zubereitung:
Hechtbrühe im Suppentopf erhitzen. Filet einlegen und garkochen. Sellerie, Mohrrübe in feine Streifen (Julienne), Porree in Ringe schneiden. Hechtfilet mit dem Schaumlöffel herausheben, auf einen Teller geben. Mit Löffel und Gabel zerlegen, Gräten ziehen. Hechtbrühe durch Haarsieb in eine Schüssel geben. Im Stieltopf die Butter erhitzen, darin die Schalotte andünsten, mit Weißwein aufgießen. Weißwein einkochen, 250 ml Brühe zugießen und 3 Min. köcheln lassen. Topfinhalt durch Haarsieb zur übrigen Hechtbrühe geben. Diese im Topf erhitzen. Mit Pfeffer, Salz und etwas geriebener Ingwerwurzel abschmecken. Kleingeschnittenes Gemüse in die Brühe geben, 2 Min. ziehen lassen. Hechtstücke zur Suppe geben, heiß servieren.

Lachscremesuppe mit Klößchen

Zutaten für 4 Personen:
500–750 g Reste vom Lachs (Kopf, Gerippe, Schwanz etc.) • 50 g Butter • je 1 Stück Porree, Sellerieknolle, Mohrrübe • 1 feingeschnittene Zwiebel • 2-3 Zweige Dill • 1 EL weiße Pfefferkörner • 1 EL Senfkörner • 1 Lorbeerblatt • Schale von 1/2 unbehandelten Zitrone • 100 ml trockener Weißwein • Salz • 100 ml Sahne • Kartoffelmehl. Klößchen: 250 g Lachsfleisch • 1 Ei • 50 ml Sahne • Pfeffer aus der Mühle • Salz • 1 TL feingehackter Dill.

Beilagen: keine.

Nährwert pro Portion: ca. 380 kcal = ca. 1.580 kJ.

Hilfsmittel: Schüsseln, Küchensieb, Suppentöpfe, Kochlöffel, Schaumlöffel, Haarsieb, Durchseihtuch (Windel), Entfettungsgefäß, Küchenmaschine mit Mixmesser, Passiersieb, Eisportionierer.

Zubereitungszeit: ca. 50 Min. **Garzeiten:** Fischbrühe: ca. 20 Min. Fischklößchen: 5–7 Min.

Zubereitung:
Lachsreste in einer Schüssel wässern. Auf Sieb abtropfen lassen. Im Suppentopf die Butter erhitzen, die Lachsteile zufügen und anschwitzen. Wurzelgemüse und Gewürze zugeben und miterhitzen. Dabei mehrfach durchheben. Weißwein zugießen, aufkochen lassen. Topfinhalt mit Wasser bedecken, aufkochen und bei mittlerer Hitze köcheln. Zwischendurch abschäumen. Brühe durch ein mit einem Durchseihtuch ausgelegtes Sieb gießen, entfetten, in einen Topf geben. Sahne zufügen und aufkochen. Suppe mit Pfeffer und Salz abschmecken, mit Kartoffelmehl leicht binden.

Klößchen:
Lachsfleisch im Mixer pürieren, durch das Passiersieb streichen, kühlen. Ei auf einem Teller anschlagen, zusammen mit dem Dill unter das Fischmus rühren. Erneut kühlen. Sahne in das Mus einarbeiten, pfeffern und salzen. Mit dem in heißes Wasser getauchten Eisportionierer Klößchen aus dem Lachsmus formen, in der Suppe garziehen lassen. In vorgewärmten Tellern servieren.

Suppe aus geräucherten Fischresten

Tip:
Wer über eine Mikrowelle verfügt, kann sein Geschirr minutenschnell vorwärmen: Auf die Teller etwas Wasser (ca. 1 TL) geben, übereinanderstapeln und in der Mikrowelle (höchste Leistungsstufe) 90 Sek. erhitzen. Wasser mit Küchentuch auswischen, Suppe einfüllen.

Hinweis:
So es gewünscht wird, kann die Suppe aus geräuchertem Fisch mit Sherry oder Sahne verfeinert werden.

Zutaten für 4 Personen:
400–600 g Reste von geräuchertem Fisch (Köpfe, Haut, Gräten) • 30 g Butter • 1–2 kleingeschnittene Schalotten • 100 ml trockener Weißwein • je 1 Stück Sellerieknolle, Petersilienwurzel, Mohrrübe, Lauch • 1 TL weiße Pfefferkörner • 1 TL Senfkörner • 1 Messersp. geriebene Ingwerwurzel • Kartoffelmehl • Pfeffer aus der Mühle • Salz.

Einlage: Stücke vom Räucherfisch, Lauchringe, Streifen von Sellerieknolle und Mohrrübe.

Nährwert pro Portion: ca. 180 kcal = ca. 750 kJ.

Hilfsmittel: Kochtopf, Kochlöffel, Schaumlöffel, Haarsieb, Durchseihtuch (Windel), Schüssel.

Zubereitungszeit: ca. 35 Min. **Garzeit:** ca. 15 Min.

Zubereitung:
Wurzelgemüse putzen und klein schneiden. Im Kochtopf die Butter erhitzen, darin die Schalotten andünsten. Fischstücke und Wurzelgemüse zugeben und unter ständigem Rühren andünsten. Weißwein aufgießen und aufkochen lassen. Gewürze zugeben, mit Wasser bedecken und bei mittlerer Hitze köcheln lassen. Zwischendurch abschäumen. Die Brühe mit Pfeffer und Salz kräftig abschmecken, durch ein mit einem Durchseihtuch ausgelegtes Haarsieb in eine Schüssel seihen. Wieder in den Kochtopf geben, erhitzen und mit Kartoffelmehl leicht binden. Mit Pfeffer und Salz abschmecken. Mit den Einlagen in vorgewärmten Tellern heiß servieren.

Karpfensuppe

Tip:
Wurde ein Karpfen blau zubereitet, kommen dessen Reste in den Kochsud, der nochmals aufgekocht und über Nacht stehengelassen wird. Dann wird er ein weiteres Mal erhitzt und die abgeseihte Brühe zur Herstellung von Karpfensuppe als Vorspeise für ein Menü verwendet.

Zutaten für 4 Personen:
Kopf und Schwanzstück vom Karpfen • je 1 Stück Sellerieknolle, Petersilienwurzel, Lauch, Mohrrübe • 1 Zwiebel • 1 Lorbeerblatt • 6–8 Pimentkörner • 1 TL weiße Pfefferkörner • 1 TL Senfkörner • 50 ml Sahne • Speisestärke • Pfeffer aus der Mühle • Salz • feingewiegte Petersilie.

Einlage: Rogen, Milch, Stücke vom Karpfen.

Nährwert pro Portion: ca. 180 kcal = ca. 750 kJ.

Hilfsmittel: Küchen- oder Rosenschere, Küchensieb, Suppentopf, Schaumlöffel, Haarsieb, Schüssel.

Zubereitungszeit: ca. 40 Min.

Zubereitung:
Kopf mit der Schere halbieren, die Kiemen entfernen. Schwanzstück teilen. Auf das Sieb geben und mit kaltem Wasser abspülen. Wurzelgemüse putzen und klein schneiden. Zusammen mit den Gewürzen in den Suppentopf geben. Fischteile zufügen, mit Wasser bedecken. Aufkochen, Suppe abschäumen und bei mittlerer Hitze ca. 20 Min. köcheln lassen. Durch das Haarsieb in eine Schüssel gießen. Erneut in den Suppentopf geben. Sahne zufügen, aufkochen, mit Speisestärke leicht binden. Kräftig mit Pfeffer und Salz abschmecken. Mit der Einlage und mit Petersilie bestreut heiß servieren.

Hinweise:
Statt Sellerieknolle und Petersilienwurzel können auch deren Blätter für die Suppenherstellung verwendet werden.

Sind Rogen und Milch vom Karpfen nicht verfügbar, wird die Suppe ohne Einlage serviert.

Süßwasserfisch-Allerlei-Suppe

Zutaten für 4 Personen:
Je 100 g Fleisch von Süßwasserfischen (z.B. von Lachsforelle, Zander, Aal, Wels o.a.) • 6–8 Krebsschwänze • 800 ml Fischbrühe (s. S. 132) • 20 ml Weißwein • Pfeffer aus der Mühle • Salz • 1 TL feingeschnittener Dill.

Beilage: Baguette.

Nährwert pro Portion: ca. 150 kcal = ca. 625 kJ.

Hilfsmittel: Suppentopf.

Zubereitungszeit: ca. 20 Min.

Zubereitung:
Das Fleisch in mundgerechte Stücke schneiden. Die Fischbrühe zusammen mit dem Weißwein erhitzen. Mit Pfeffer und Salz abwürzen. Die Fischstücke in die Brühe einlegen und bei mittlerer Hitze garziehen lassen. Zum Schluß die Krebsschwänze und den Dill in die Brühe geben. Auf vorgewärmten Tellern servieren.

Hinweise:
Soll diese Suppe als Hauptgericht serviert werden, dann ist der Fischfleischanteil zu verdoppeln. Außerdem kann sie mit Sahne und Glasnudeln angereichert werden.

So gewünscht, kann die Suppe mit Kartoffelmehl leicht gebunden werden. Dies sollte jedoch vor dem Einlegen der Fischstücke erfolgen.

Aalsuppe mit Schnittlauchröllchen

Zutaten für 4 Personen:
1 Aal (ca. 500 g) • 30 g Butter • 1 feingeschnittene Zwiebel • 30 ml trockener Weißwein (Riesling) • je 4 Stengel Sellerie, Petersilie, Dill • 1 Mohrrübe • 1 Stück Lauch • 1 TL weiße Pfefferkörner • 1 kleines Lorbeerblatt • 100 ml Sahne • Kartoffelmehl • Pfeffer aus der Mühle • Salz • Zitronensaft • 1 TL Schnittlauchröllchen.

Beilage: gebutterte Bauernbrotschnitten.

Nährwert pro Portion: ca. 350 kcal = ca. 1.450 kJ.

Hilfsmittel: kleines, scharfes Messer, Küchenschere, Suppentopf, Kochlöffel, Haarsieb, Schüssel.

Zubereitungszeit: ca. 40 Min. **Garzeit:** Fisch: 6–8 Min.

Zubereitung:
Aal häuten (s. S. 105), Kopf und Schwanz abtrennen. Zusammen mit der Haut beiseite stellen. Aalkörper in Stücke schneiden. Mohrrübe putzen und zusammen mit dem Lauch klein schneiden. Im Suppentopf die Butter erhitzen, darin die Zwiebel andünsten. Aalhaut, -kopf und -schwanzstück zugeben und andünsten. Weißwein aufgießen, aufkochen. Suppenkräuter, kleingeschnittenes Wurzelgemüse und Gewürze zufügen, mit Wasser bedecken und ca. 10 Min. bei mittlerer Hitze köcheln. Brühe durch das Haarsieb in die Schüssel seihen. Siebinhalt gut ausdrücken. Brühe wieder in den Topf geben, Sahne zugießen, erhitzen und mit Kartoffelmehl leicht binden. Aalstücke einlegen und garziehen lassen. Suppe mit Pfeffer, Salz und Zitronensaft abschmecken. Zum Schluß die Schnittlauchröllchen einstreuen. Auf vorgewärmten Tellern servieren.

Krebssuppe

Zutaten für 4 Personen:
12–16 Krebse (à ca. 40–60 g) • 800 ml Hühnerbrühe (darf Instant sein) • 3–4 EL Krebsbutter • 100 ml Sahne • Speisestärke • Pfeffer aus der Mühle • Salz • Zitronensaft • 1 TL feingewiegte Petersilie.

Einlage: gekochter Reis.

Nährwert pro Portion: ca. 200 kcal = ca. 840 kJ.

Hilfsmittel: Topfbürste, Kochtopf, Schaumlöffel, Küchenmaschine mit Mixmesser, Fleischwolf, Bratpfanne, Kochlöffel.

Zubereitungszeit: ca. 60 Min.

Zubereitung:
Die Krebse unter fließendem Wasser abbürsten und in leicht gesalzenem Wasser kochen (s. S. 118). Krebsschwänze und -scheren auslösen und beiseite stellen. Aus den Krebsschalen eine Krebsbutter herstellen (s. S. 122). Im Topf die Hühnerbrühe erhitzen. Krebsbutter und Sahne zufügen, aufkochen. Suppe mit Speisestärke leicht binden, mit Pfeffer, Salz würzen und mit Zitronensaft abschmecken. Krebsschwänze und -scheren in die Suppe geben und erwärmen. Auf jeden Teller 2 EL Reis geben, Suppe aufgießen, mit Petersilie bestreuen.

Tip:
Anstelle von Zitronensaft kann die Suppe auch mit trockenem Sherry geschmacklich abgerundet werden.

Bouillon vom Wels

Zutaten für 4 Personen:
300–400 g Reste vom Wels • 300 g Welsfleisch • 30 g Butter • 1 ungeschälte, halbierte Zwiebel • 1 Handvoll Zwiebelschalen • 50 ml trockener Weißwein (z.B. Riesling) • je 1 Stück Mohrrübe, Lauch, Sellerieknolle, Petersilienwurzel (alternativ Sellerie- und Petersilienstengel) • 1 Stück vom Lorbeerblatt • 10 weiße Pfefferkörner • Kartoffelmehl • Pfeffer aus der Mühle • Salz • 1 EL Schnittlauchröllchen.

Einlage: Welsfleisch, Gemüse.

Nährwert pro Portion: ca. 180 kcal = ca. 750 kJ.

Hilfsmittel: 2 Kochtöpfe, Kochlöffel, Haarsieb, Schüsseln, Durchseihtuch (Windel), Schaumlöffel.

Zubereitungszeit: ca. 45 Min. **Garzeit:** Fisch: ca. 3–5 Min.

Zubereitung:
Welsfleisch in mundgerechte Stücke schneiden. Wurzelgemüse putzen. Lauch in Ringe, Mohrrübe, Sellerieknolle und Petersilienwurzel in Streifen schneiden. Im Topf die Butter erhitzen, die Reste vom Wels darin anschmoren. Weißwein aufgießen und einkochen. Zwiebel, Zwiebelschalen, Wurzelgemüse, Lorbeer und Pfefferkörner zugeben. Heißes Wasser aufgießen, so daß alles bedeckt ist. Bei mittlerer Hitze ca. 10 Min. köcheln. Brühe durch ein Haarsieb in den zweiten Topf gießen. Aus dem Sieb die Mohrrübe, Sellerie und Petersilie herauslesen und beiseite stellen. Brühe erhitzen, Welsfleisch einlegen und garziehen lassen. Mit dem Schaumlöffel herausheben und beiseite stellen. Brühe durch das Tuch seihen. Erneut erhitzen und mit Kartoffelmehl leicht binden. Mit Pfeffer und Salz würzen. Mohrrübe, Sellerie und Petersilie mit dem Welsfleisch in vorgewärmte Teller legen, Bouillon aufgießen, mit Schnittlauchröllchen bestreuen.

Hinweis:
Das Mitkochen der Zwiebelschalen verleiht der Bouillon eine goldgelbe Farbe, ohne deren Eigengeschmack zu verändern.

Kalte Fischküche Salate und Eingelegtes

Sie sind schmackhaft, bekömmlich und sättigend zugleich: Salate, die vom und mit dem Fisch zubereitet werden. Eine bunte Palette davon folgt auf den nächsten Seiten. Die meisten von ihnen eignen sich gleichzeitig zur Verwertung von Resten einer Fischmahlzeit, die sich dann ergeben, wenn die angenommene Verzehrmenge zu hoch eingeschätzt wurde, wenn der Hunger kleiner als vermutet oder der selbstgefangene Fisch entsprechend groß war. Ob als Vorspeise oder als eigenständige Mahlzeit, z.B. zum Abendessen, gereicht oder im Rahmen eines kalten Buffets angeboten – Salatzubereitungen mit Fisch haben immer Saison und finden stets ihre Liebhaber.

Für einen feinen, aromatischen Fischsalat läßt sich das Fleisch jeder beschuppten Spezies verwenden, insbesondere das der sogenannten Edelfische, wie Forelle, Huchen, Zander, Hecht, Barsch, Aal, Wels, Karpfen und Schleie. Verwertet werden Teile, die zuvor in einem Würzsud gegart, in Fett gebraten, in Essigsud eingelegt oder in Salzlake gepökelt und anschließend geräuchert wurden. Bei geräucherten Stücken werden vor ihrer Verwertung in einem Salat Haut und Gräten entfernt. Gedünsteten und gebratenen Fisch zerpflückt man mit den Fingern und entfernt ebenfalls alle erkennbaren Gräten. Da sich gegartes Fischfleisch, zumal wenn es durch Beträufeln mit Zitronensaft leicht gesäuert wurde, unter der Frischhaltefolie im Kühlschrank bis zu zwei Tagen aufheben läßt, kann man sich mit der Salatzubereitung etwas Zeit lassen.

Da das Fleisch von Fischen bis auf das von Lachs und Lachsforelle weiß ist, werden für die Salatzubereitung Zutaten gewählt, die ihm ein optisch attraktives, den Appetit anregendes Aussehen vermitteln. Stücke von Obst, verschiedenfarbige Salatblätter, Radieschen und buntes Gemüse verleihen jedem Fischsalat Farbe und, durch ihren Eigengeschmack, eine besondere Note. Wie bei jeder Salatzubereitung, kommt es auch bei Salaten mit Fischanteilen auf die diese würzenden Saucen an. Frucht- und Kräuteressige, Zitronensaft, verschiedene Salatöle und Würzsaucen bieten dem Liebhaber von Fischsalaten eine Fülle von Kombinationsmöglichkeiten hinsichtlich ihrer Zubereitung. Somit sind in der Zusammenstellung der Zutaten wie in der optischen Ausgestaltung von Salatschüssel, -platte und -teller der Fantasie keine Grenzen gesetzt.

Ein besonderes – und zudem meist grätenreiches – Kapitel stellt in der kalten Fischküche die Verwertung von Weißfischen, wie Döbel, Rotauge, Rotfeder, Brasse u.a., dar. Bewährt hat es sich, Filets dieser Geschuppten in einen mit reichlich Essig zubereiteten Gewürzsud zwei bis drei Tage lang einzulegen und sie anschließend entweder als eigenständiges Gericht, z.B. als Rollmops, oder als Bestandteil eines Salates anzubieten. Die sich in den Filets befindenden feinen Gabelgräten werden durch die Säure so weich, daß sie beim Essen praktisch nicht spürbar sind.

Bunte Fischsalatplatte

(Foto vorige Seite)

Zutaten für 4 Personen:
Je 100 g gebeizter Lachs, geräucherter, filetierter Aal, geräuchertes Forellenfilet, gedünstetes Zander- oder Hechtfilet, gedünstetes Welsfilet • 8–12 Krebsschwänze • Kaviar von der Lachsforelle • Salatblätter nach Wahl • 4–6 Sherrytomaten. <u>Sauce:</u> 2 Schalotten • 1 EL feingeschnittener Dill • 50 ml Walnußöl (Sonnenblumenöl) • 50 ml Dillessig • Pfeffer aus der Mühle • Salz • Zucker.

Beilage: Baguette oder Toast.

Nährwert pro Portion: ca. 250 kcal = 1.050 kJ.

Hilfsmittel: Schüssel, gestoßenes Eis, Küchensieb, Salatplatte oder -schüssel, Saucenschüssel, Salatbesteck.

Zubereitungszeit: ca. 20 Min.

Zubereitung:
Salatblätter einzeln verlesen und waschen. In eine Schüssel kaltes Wasser und gestoßenes Eis geben, Salatblätter darin 5 Min. kühlen. Auf ein Sieb geben und gut abtropfen lassen. Fischteile in mundgerechte Stücke schneiden. Mit dem Salat auf der Salatplatte anrichten. Sauce darübergießen und durchmischen. Mit den Sherrytomaten ausdekorieren.

Sauce: Schalotten schälen und klein schneiden. Mit dem Dill, dem Walnußöl und dem Dillessig in eine Schüssel geben, pfeffern und salzen. Gut durchmischen. Mit Zucker süß-sauer abschmecken.

Tip:
Gestoßenes Eis läßt sich wie folgt selbst herstellen: In einen Gefrierbeutel (6 l) zur Hälfte Wasser hineingeben. Beutel verschließen und auf ein flaches Gefäß legen. In der Tiefkühltruhe gefrieren lassen. Beutel in ein sauberes Handtuch wickeln und auf dem Boden 2–3mal aufschlagen lassen, so daß das Eis im Beutel in kleine Stücke zerspringt. Nicht benötigtes Eis im Tiefkühlfach deponieren.

Hinweise:
Indem der Salat für kurze Zeit in Eiswasser gelegt wird, wird er besonders knackig. Ist er dies bereits von sich aus, kann auf das Einlegen in Eiswasser verzichtet werden.

Die Salatsauce gewinnt an Aroma, wenn man sie ca. 30 Min. durchziehen läßt.

Zander-Apfel-Salat

Zutaten für 4 Personen:
400 g gedünstetes Zanderfilet • 200 g Feld- oder Rapunzelsalat. <u>Sauce:</u> 1 Schalotte • 3 süßsaure Äpfel • 50 ml Pflanzenöl • 40 ml Apfelessig • Pfeffer aus der Mühle • Salz.

Beilage: Baguette.

Nährwert pro Portion: ca. 200 kcal = ca. 840 kJ.

Hilfsmittel: 2 Gabeln, Schüssel, Küchensieb, kleines Messer, Schneidbrett, Saucenschüssel.

Zubereitungszeit: ca. 30 Min.

Zubereitung:
Das Zanderfilet mit den Gabeln zerlegen, Gräten entfernen. Salat putzen, gründlich waschen (2-3mal), auf dem Sieb gut abtropfen lassen. Schalotte schälen und klein schneiden. Äpfel abwaschen, vierteln, entkernen. Zwei davon in kleine Würfel, einen in Scheiben schneiden. Apfelscheiben auf einen Teller legen und mit Apfelessig beträufeln. Apfelwürfel zusammen mit der Schalotte in die Saucenschüssel geben. Apfelessig darübergießen. Kurz einwirken lassen, Öl zufügen, pfeffern und salzen. Alles gut durchmischen, mit Pfeffer und Salz abschmecken.

Zanderstücke mit Salat und Apfelscheiben auf Tellern anrichten, mit der Sauce übergießen.

Schleie im Salatbett

Zutaten für 4 Personen:
300 g gebratenes oder gedünstetes Schleienfilet • 1 Kopf Eisbergsalat • 1 Bund Radieschen • 4 hartgekochte Eier. <u>Sauce:</u> 2 Schalotten • 50 ml Kürbiskernöl • 40 ml Balsamico-Essig • Pfeffer aus der Mühle • Salz • Zucker.

Beilage: Baguette oder Toast.

Nährwert pro Portion: ca. 250 kcal = ca. 1.050 kJ.

Hilfsmittel: 2 Gabeln, Schüssel, Küchensieb, Salatschüssel, Saucenschüssel, Salatbesteck.

Zubereitungszeit: ca. 20 Min.

Zubereitung:
Das Schleienfilet mit den Gabeln in mundgerechte Stücke zerteilen, Gräten entfernen. Fischstücke in die Salatschüssel geben. Salatblätter verlesen, waschen, auf dem Sieb abtropfen lassen, zu den Fischstücken geben. Salatsauce darübergießen und alles durchmischen. Von den Radieschen die Blätter bis auf ein kurzes Griffstück abschneiden, waschen und auf einem Sieb abtropfen lassen. Eier schälen und vierteln. Salat in der Schüssel oder auf dem Teller mit den Radieschen und den geviertelten Eiern dekorieren.

Sauce: Schalotten schälen und klein schneiden. Mit dem Öl und dem Essig in eine Schüssel geben. Pfeffern und salzen. Gut durchmischen. Mit Pfeffer, Salz und Zucker nach Belieben abschmecken.

Graved Lachs

(Foto vorige Seite)

Zutaten:
1 ausgenommener Lachs mit Kopf und Schwanz (ca. 3,5–4 kg) • 20 ml Cognac (Weinbrand) • Pfeffer aus der Mühle • Salz • Zucker • 2 Bund Dill.

Beilagen: Baguette oder Toast, Saucen.

Nährwert pro 100 g: ca. 200 kcal = ca. 840 kJ.

Hilfsmittel: Schupp- und Filetiermesser, Grätenzange, Küchenwaage, kleine Schüssel, Platte in Lachsfiletlänge mit Rand, Frischhaltefolie.

Zubereitungszeit: ca. 60 Min. **Beizzeit:** 72 Stunden.

Zubereitung:
Den Lachs schuppen, filetieren und entgräten. Haut an den Filets belassen (s. S. 18/19). Lachsfilets wiegen. Pro 1.000 g Filetgewicht je 40 g Salz und Zucker in einer Schüssel vermischen. Von den Dillstengeln die Blätter abzupfen und klein schneiden. Cognac über die Fleischseite der Lachsfilets verteilen und mit den Fingern leicht einmassieren. Die Seiten mäßig pfeffern. Salz-Zucker-Gemisch und danach den geschnittenen Dill auf beide Seiten gleichmäßig verteilen. Filetseiten mit der Fleischseite (Kopf- gegen Schwanzstück) übereinander und auf die Platte legen. Mit Frischhaltefolie abdecken und an kühlem Ort ruhen lassen. Nach jeweils 24 Stunden die übereinanderliegenden Filets so drehen, daß die Oberseite nach unten kommt. Nach Beendigung der Beize den ausgeflossenen Saft wegschütten.

Tip:
Falls man nicht über eine entsprechend große Platte mit Rand verfügt, kann man sich wie folgt behelfen: Über die Lachsfilets zwei Sechs-Liter-Gefrierbeutel stülpen und rundherum Frischhaltefolie wickeln. So eingepackt, kommt der Lachs dann in den Kühlschrank.

Sauce zu Graved Lachs:

Zutaten:
3 EL milder Senf • 3 EL saure Sahne • 1 TL feingeschnittener Dill • Zucker • Salz • Pfeffer.

Zubereitung:
Alle Zutaten in einer Schüssel miteinander mischen, mit den Gewürzen abschmecken.
<u>Übrigens:</u> Vorzüglich sind auch die im Handel angebotenen Graved-Lachs-Saucen.

Hinweise:
Obwohl vielfach empfohlen, sollte auf ein Beschweren der Lachsfilets während der Beizzeit mit einem Brett und Gewicht verzichtet werden, da hierdurch unnötig viel Fleischsaft herausgedrückt wird und der Lachs dadurch an Saftigkeit verliert.

Auf dieselbe Art wie der Lachs kann auch eine größere Lachsforelle gebeizt werden.

Die fertiggebeizten Lachsseiten können, in Alufolie eingeschlagen, bis zu zehn Wochen in der Tiefkühlung aufbewahrt werden. Zum Aufschneiden werden sie kurz angetaut und die benötigten Portionen mit einem scharfen, dünnen Lachsmesser (kann auch ein in seiner Schneide dünnes, langes Küchenmesser sein) schräg heruntergeschnitten. Anschließend wird die Haut über das restliche Fleisch geklappt und die Lachsseite sofort wieder eingefroren. Dies kann nach Erfahrungen des Autors bis zu dreimal geschehen, ohne daß der Geschmack des Lachses darunter leidet.

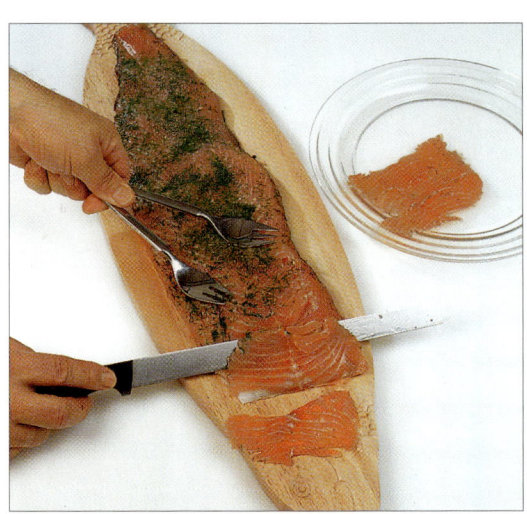

Mit Fischmayonnaise gefüllte Tomaten

Zutaten für 4 Personen:
4 Fleischtomaten • 300 g gedünsteter oder gebratener Weißfisch (dürfen Reste sein) • Pfeffer aus der Mühle • Salz • Zitronensaft.
<u>Sauce:</u> 4 EL Mayonnaise • 2 EL saure Sahne (Schmand) • 2 Messersp. Curry • Worcestershiresauce • Sojasauce • 1 Gewürzgurke • Zitronensaft • Pfeffer aus der Mühle • Salz.

Beilage: Baguette oder Toast.

Nährwert pro Portion: ca. 200 kcal = ca. 840 kJ.

Hilfsmittel: Messer, Teelöffel, Schüssel.

Zubereitungszeit: ca. 30 Min.

Zubereitung:
Fisch in kleine Stücke teilen, Gräten entfernen. Stücke mit Zitronensaft beträufeln, leicht pfeffern, salzen und in eine Schüssel geben. Gewürzgurke in kleine Würfel schneiden, zu den Fischstücken geben. Alles mit der Sauce vermischen. Von den Tomaten eine Kappe abschneiden. Inhalt mit dem Teelöffel vorsichtig herauskratzen, damit die Wand der Frucht nicht beschädigt wird. Fischmayonnaise in die Tomaten füllen.

Sauce: Mayonnaise und Schmand in einer Schüssel mischen. Curry, etwas Zitronensaft, Worcestershire- und Sojasauce zufügen, pfeffern und salzen. Durchmischen und nochmals mit den Zutaten abschmecken.

Reis-Fisch-Salat mit Pfifferlingen

Zutaten für 4 Personen:
300 g gedünstetes Filet (z.B. von Forelle, Saibling, Hecht, Zander, Barsch) • 250 g Pfifferlinge (frisch oder gefrostet, aus Dose oder Glas) • 30 ml Pflanzenöl • 2 feingeschnittene Schalotten • Pfeffer aus der Mühle • Salz • 100 g wilder Reis. Sauce: 50 g durchwachsener Speck (Frühstücksspeck) • 50 g fetter Räucherspeck • 50 ml Himbeeressig • frisch gemahlener Pfeffer • Salz • 1 EL mittelfein geschnittene Petersilie • 1 EL Schnittlauchröllchen.

Beilage: keine.

Nährwert pro Portion: ca. 400 kcal = ca. 1.670 kJ.

Hilfsmittel: Kochtopf, Haarsieb, Schneidbrett, Messer, Bratpfanne, Schaumlöffel, Salatschüssel.

Zubereitungszeit: ca. 75 Min. **Garzeiten:** Reis: ca. 45 Min. Pfifferlinge: ca. 10 Min.

Zubereitung:
Im Topf Reis mit kaltem Wasser aufsetzen, aufkochen und bei mittlerer Hitze garen, bis die Reiskörner aufgeplatzt sind und das innere Weiß zu sehen ist. Reis auf ein Haarsieb geben und kurz kalt abspülen. Abtropfen lassen. Fisch in Stücke teilen und Gräten entfernen. Pfifferlinge, sofern erforderlich, putzen (s.a. Hinweis S. 115). Frühstücksspeck in kleine Streifen, Räucherspeck in Würfel schneiden. Bratpfanne erhitzen, Öl hineingeben und heiß werden lassen. Schalotten im Öl andünsten. Pfifferlinge zufügen, braten und schmoren. Pfeffern und salzen.

Pfifferlinge und Schalotten mit dem Schaumlöffel herausheben, in die Salatschüssel geben. Reis auf die Pfifferlinge schütten. In der Bratpfanne zuerst den Räucherspeck auslassen, dann den Frühstücksspeck hinzufügen und glasig braten. Himbeeressig zugießen, durchmischen und alles über den Reis gießen. Fischstücke, Petersilie und Schnittlauch zugeben, alles durchmischen, mit Pfeffer und Salz abschmecken.

Gemüse-Fisch-Salat

Zutaten für 4 Personen:

400 g gedünstetes Fischfilet • 400 g Mischgemüse (Tiefkühlware) • Zitronensaft • Pfeffer aus der Mühle • Salz. <u>Sauce:</u> 100 ml Olivenöl • 50 ml Kräuteressig • 30 ml trockener Weißwein (z.B. Riesling) • 1 feingeschnittene Schalotte • 2 EL feingeschnittener Dill • 2 EL Schnittlauchröllchen • frisch gemahlener Pfeffer • Salz.

Beilage: Baguette.

Nährwert pro Portion: ca. 400 kcal = 1.670 kJ.

Hilfsmittel: Kochtopf, Küchensieb, 2 Gabeln, Salatschüssel, Saucenschüssel, Salatbesteck.

Zubereitungszeit: ca. 40 Min. **Garzeit:** Gemüse: ca. 5–7 Min.

Zubereitung:

Im Kochtopf Wasser aufkochen, salzen, Mischgemüse gefrostet hineingeben und bei mittlerer Hitze soweit garen, daß es noch leichten Biß hat. Auf ein Sieb schütten und kalt abspülen. Erkalten lassen. Fischfilet mit den Gabeln in mundgerechte Stücke zerlegen, Gräten entfernen. Stücke mit Zitronensaft beträufeln, leicht pfeffern und salzen. Säure und Gewürze kurz einwirken lassen. Gemüse und Fischstücke in die Salatschüssel geben. Sauce zufügen und alles durchmischen.

Sauce: Öl, Essig, Weißwein, Schalotte, Dill und Schnittlauchröllchen in eine Schüssel geben. Pfeffer und Salz zufügen und Sauce gut durchmischen. Mit Pfeffer und Salz abschmecken.

Rollmöpse aus Weißfischen

Zutaten für 4 Personen:
10–12 Weißfische (z.B. Döbel, Rotfeder, Rotauge) • 2–3 Delikateßgurken • <u>Essiggewürzsud:</u> 1 Mohrrübe • 2 Lorbeerblätter • 2 Zwiebeln • 10–12 Wacholderbeeren • 1 EL weiße Pfefferkörner • 1 EL Senfkörner • Essig • Salz • Scheiben einer unbehandelten Zitrone.

Beilagen: Bratkartoffeln, Brot, eingelegte Kürbisstücke und Tomaten.

Nährwert pro 100 g: ca. 100 kcal = ca. 420 kJ.

Hilfsmittel: Messer, Kochtopf, Holzzahnstocher, Einmachglas.

Zubereitungszeit: ca. 45 Min. **Marinierzeit:** 2–3 Tage.

Zubereitung:
Fische filetieren (s. S. 81). Delikateßgurken in Streifen schneiden. Je ein Stück Gurke auf ein Filet legen und dieses einrollen. Mit Zahnstocher feststecken. Mohrrübe schälen und in Scheiben oder Würfel schneiden. Zwiebeln schälen und in Scheiben schneiden. In den Kochtopf Essig und Wasser im Verhältnis 1:1 geben. Mohrrübe, Zwiebeln, Lorbeerblatt und die Gewürze zufügen. Alles aufkochen, dann abkühlen lassen. Weißfisch-Rollmöpse in das Einmachglas schichten, zwischendurch immer etwas von dem Essigsud mit allen Bestandteilen zugießen. Zum Schluß das Einmachglas mit Sud auffüllen und verschließen, kühl stellen. Nach 2–3 Tagen können die Weißfisch-Rollmöpse gegessen werden.

Hinweise:
Da die benötigte Sudmenge von der Größe des Einmachglases und der Einfüllmenge abhängig ist, muß sie durch Schätzung ermittelt werden. Für den Fall, daß sie nicht ausreicht, zusätzliches Essigwasser aufkochen und einfüllen.

Die Weißfisch-Rollmöpse sollten nach dem Durchsäuern recht bald verzehrt werden. Bleiben sie über mehrere Wochen im Glas, dann werden sie durch die Essigsäure so zersetzt, daß sie ihre Struktur verlieren.

Salat von marinierten Weißfischfilets

Zutaten für 4 Personen:
300 g Weißfischfilets (z.B. von Döbel, Rotfeder, Rotauge, Brasse; s. S. 81) • Essig-Gewürzsud (s. S. 152) • 3 gekochte Rote Beeten (Rüben) • 3 süßsaure Äpfel • 300 g gekochte, gepellte Kartoffeln • 1 Zwiebel • 3–4 EL Weinessig • 3–4 EL Pflanzenöl • Pfeffer • Salz • 1 TL Zucker.

Beilage: keine.

Nährwert pro Portion: ca. 200 kcal = ca. 840 kJ.

Hilfsmittel: Kochtopf, Messer, Schneidbrett, Schüssel, Salatschüssel.

Zubereitungszeit: ca. 40 Min. **Marinierzeit:** Fischfilets: 12 Std.

Zubereitung:
Den Essig-Gewürzsud aufkochen und erkalten lassen. Fischfilets in eine Schüssel legen und den Essig-Gewürzsud aufgießen, so daß alles bedeckt ist. An kühlem Ort die Fischfilets marinieren lassen. Nach sechs Stunden einmal umschichten. Fischfilets aus dem Essig-Gewürzsud herausnehmen, in mundgerechte Stücke schneiden, in die Salatschüssel geben. Äpfel schälen, entkernen und in kleine Würfel schneiden, zu den Fischstücken geben. Rote Beeten und Kartoffeln in Würfel schneiden und zufügen. Zwiebel schälen, klein schneiden, mit Essig, Öl und Zucker zugeben. Alles pfeffern, salzen und vorsichtig durchmischen. Salat 20 Min. durchziehen lassen, dann mit Essig, Öl, Pfeffer, Salz und Zucker abschmecken.

Sülzen, Terrinen, Pasteten

Gemessen an der Vielzahl von Fischzubereitungen gehören Fischsülzen, -terrinen und -pasteten zu jenen Köstlichkeiten, die in der eigenen Küche relativ selten und meist nur zu besonderen Anlässen hergestellt werden. Dies hat Gründe: Einmal erfordert ihre Herstellung einen größeren Zeitaufwand, zum anderen bewerten viele Hausfrauen, aber auch kochende Männer aufgrund erster, dabei nicht immer optimal verlaufender Versuche die Herstellung einer Sülze, Terrine oder Pastete grundsätzlich als schwierig. Verständlich, wenn man weiß, daß auch mancher Profikoch etwas Herzklopfen bekommt, wenn er eine Sülze stürzen oder eine Pastete aus der Form nehmen will. Dennoch: Es lohnt sich, das eine wie das andere selbst zuzubereiten – zumal in einer Sülze, Terrine und Pastete manches verwertet werden kann, mit dem man ansonsten nichts Rechtes anzufangen weiß.

Sülzen: Das größte Problem in der privaten Küche stellt das Bindemittel dar. Die im Lebensmittelhandel erhältliche und auch für die Herstellung von Sülzen angepriesene Gelatine besitzt hierfür nicht die erforderliche Bindekraft (ca. 200 BLOOM – Maßeinheit für Gelierfähigkeit, benannt nach dem Amerikaner Bloom). Wer sich auf die auf der Packung angegebenen Mengenangaben für die herzustellende Gelierflüssigkeit verläßt, der muß – so die Erfahrungen des Autors – fast immer mit einer Enttäuschung rechnen: Keine Schnittfestigkeit und ein Auseinanderfallen der Sülze. Dies auch, wenn die doppelte und dreifache Menge an Gelatine eingesetzt wird. Nach Aussage von Fachleuten wird absolute Schnittfestigkeit einer Sülze erst dann erreicht, wenn auf 100 ml Flüssigkeit 6 Blatt (9 g) Gelatine verwendet werden. Eine höhere Bindefähigkeit als Gelatine besitzt Aspikpulver (ca. 260–280 BLOOM), das z.B. in Deutschland im Lebensmittelhandel kaum noch erhältlich, den Fleischereien jedoch verfügbar ist. Empfehlung: Das für die Herstellung einer Sülze benötigte Aspikpulver – es sollte geschmacksneutral und klar gelierend sein – beim Fleischer besorgen. Pro Liter Flüssigkeit werden 80–100 g Aspikpulver verwendet. Ebenfalls wichtig: Die Gelierflüssigkeit muß fettfrei sein, damit sie gut abbindet.

Terrinen: Das Geheimnis guter Terrinen ist neben der Bindefähigkeit der für ihre Herstellung verwendeten Materialien deren Festigkeit. Je lockerer, ja schaumiger sie sind, desto angenehmer werden sie auf der Zunge empfunden. Fischterrinen werden in ihrer Konsistenz leicht und locker, wenn die der Masse zuzusetzende Sahne angeschlagen wird. Werden gekochte Fischbestandteile zu einer Terrine verarbeitet, dann bedarf es zu deren Festigkeit zusätzlichen Eiweißes, das zum Teil oder ganz ebenfalls angeschlagen wird.

Pasteten: Eigentlich handelt es sich bei ihnen um Terrinen, die zusätzlich mit einem Teigmantel umhüllt sind – eine Umhüllung, die dem Pastetenfreund durchaus Ärger zu bereiten vermag, weil der Teig schon beim Auskleiden der Terrinenform reißt, beim Ausbacken Risse bekommt oder beim Aus-der-Form-Nehmen gar wegplatzt. Ursache hierfür können sowohl das verwendete Fett als auch das eingesetzte Mehl sein. Am geschmeidigsten bleibt ein Pastetenteig, der mit Schweineschmalz und einem Mehl mit hoher Bindefähigkeit hergestellt wurde. Das beste Mehl dafür ist meist auch das preiswerteste, weil es einen hohen Anteil der sich direkt unter der Weizenkornschale befindenden, überaus klebefähigen Bestandteile enthält. Es wirkt zudem nicht so hell wie Mehl, das aus dem Kern des Weizenkornes (z.B. Typ 405) gewonnen wurde.

Erleichtert wird das Entnehmen einer Pastete aus ihrer Form, wenn zumindest deren Boden vor dem Auskleiden mit Teig mit Backpapier ausgelegt wurde. Sollen zwischen Pastetenmasse und -teig nach dem Auskühlen entstandene Hohlräume mit gelierender, durch den Schornstein (runde Öffnung im Teigdeckel, durch die beim Ausbacken Dampf entweicht) gegossener Flüssigkeit ausgefüllt werden, dann gilt für deren Herstellung gleiches wie bei Sülzen. Risse im Teigmantel werden zuvor durch Aufstreichen von Butter verschlossen.

Sülzen, Terrinen, Pasteten

1. **Aalaspik:** Auf den erstarrten Gelatinespiegel eine Dekoration auflegen.

2. Etwas Gelatine aufgießen, erstarren lassen, dann die Aalteile auflegen.

3. Wieder Gelatine aufgießen, nach dem Erstarren mit Aal und Gelatine auffüllen.

1. **Farbige Fischterrine:** Boden der Form mit weißem Fischmus bedecken und glattstreichen.

2. Als zweite Schicht lachsfarbenes Fischmus in die Form geben und gleichmäßig verteilen.

3. Zum Schluß die Terrinenform mit dem mit Spinat eingefärbten Fischmus auffüllen.

1. **Fischpastete:** Form mit Pastetenteig auskleiden und zu 1/4 mit Fischmus füllen.

2. Das von Spinat und Schweinenetz ummantelte Lachsmus einlegen, mit Fischmus auffüllen.

3. Seitliche Teigränder nach innen klappen, Teigdeckel auflegen und verzieren.

Aal in Dillaspik

Zutaten für 1,5 l-Form:
1 Aal (ca. 1.200 g) • je 1 Stück Porree, Sellerieknolle, Mohrrübe, Petersilienwurzel • 1 Zwiebel • 1 Lorbeerblatt • 8–10 weiße Pfefferkörner • 4–6 Stengel Dill • Salz • Zitronensaft. <u>Aspik:</u> 500 ml trockener Weißwein • 500 ml Aalsud • 60 Blatt (90 g) Gelatine • Dill • frischgemahlener Pfeffer • Salz.

Beilagen: Bratkartoffeln, Bauernbrot.

Nährwert pro 100 g: ca. 180 kcal = ca. 750 kJ.

Hilfsmittel: Topf, Fischheber, Schüssel, Schälchen, Stieltopf, Sieb, Durchseihtuch, kleines Messer, 4 Aspikförmchen (ca. 1/4 l Fassungsvermögen).

Zubereitungszeit: ca. 2–3 Std. **Garzeit:** Fisch: ca. 5–6 Min. **Auskühlzeit:** 12 Std.

Zubereitung:
Den Aal häuten (s. S. 105) und in so große Stücke schneiden, daß sie in die Aspikförmchen passen. Im Topf mit dem Wurzelgemüse und den Gewürzen unter Zugabe von etwas Salz einen Sud aufkochen. Aalstücke einlegen und garen. Herausnehmen, in eine Schüssel legen und erkalten lassen. Sud durch ein mit einem Tuch ausgelegtes Sieb gießen. Fleisch von den Gräten in ganzen Stücken ablösen. Anhaftendes Fett mit dem Messer abschaben. Mit Zitronensaft beträufeln. Gelatine in kaltem Wasser einweichen. Vom Dill die Blätter abzupfen und klein hacken. Im Stieltopf Wein und Aalsud erhitzen, darin die ausgedrückte Gelatine auflösen. In die Aspikformen einen Spiegel gießen, erstarren lassen. Spiegel nach Belieben dekorieren, mit Gelierflüssigkeit bedecken, erstarren lassen. Verbliebene Gelierflüssigkeit mit Pfeffer und Salz würzen, Dill hineingeben. Die ersten beiden Aalfilets in die Formen einlegen. Gelierflüssigkeit aufgießen, erstarren lassen. Zwei weitere Aalfilets, quer zu den ersten, einlegen. Mit Gelierflüssigkeit auffüllen, erstarren lassen.

Tip:
Zum Beschleunigen des Erstarrens der Gelierflüssigkeit beim Gießen des Spiegels Aspikformen in der Tiefkühlung vorkühlen. Nach jedem Eingießen von Gelierflüssigkeit die Formen für 3–5 Min. in die Tiefkühlung geben.

Hinweis:
Auf den Spiegel aufzulegende Dekoration zuvor mit Gelierflüssigkeit benetzen. Damit der in die Gelierflüssigkeit gegebene Dill in dieser später auch schwebt und sich nicht unten absetzt, läßt man sie bis zur Dickflüssigkeit abkühlen und rührt sie dann gut durch. Alle einzulegenden Sülzteile verkehrt herum (Unterseite nach oben) einlegen.

Fisch-Gemüse-Sülze

(Foto vorige Seite)

Zutaten für 1,5 l-Form:
250 g gedünstetes, erkaltetes Fischfleisch (z.B. von Forelle, Hecht, Zander, Barsch) • 200 g gedünstetes, erkaltetes Fleisch von der Lachsforelle • je 60 g Sellerieknolle und Petersilienwurzel • 80 g grüne Erbsen (Tiefkühl- oder Dosenware) • 100 g Mohrrübe • 1 mittelgroße Zwiebel • Saft einer Zitrone • Pfeffer aus der Mühle • Salz. <u>Gelierflüssigkeit:</u> *250 ml trockener Weißwein (darf auch Sekt oder Champagner sein) • 250 ml Gemüsesud • 30 Blatt (45 g) Gelatine.*

Beilagen: Bauernbrot, Bratkartoffeln, Remouladensauce.

Nährwert pro 100 g: ca. 120 kcal = ca. 500 kJ.

Hilfsmittel: Stieltopf, Schaumlöffel, Sieb, Schneidbrett, Messer, Schüssel, Salatbesteck, Terrinen-, Pasteten- oder Kuchenform.

Zubereitungszeit: ca. 1 Std. **Auskühlzeit:** 12 Std.

Zubereitung:
Fischfleisch mit den Händen zerteilen, alle sichtbaren Gräten entfernen. Stücke in die Schüssel geben. Sellerieknolle, Petersilienwurzel, Mohrrübe putzen, Zwiebel schälen und halbieren. Im Stieltopf Wasser erhitzen, das Gemüse und die Zwiebel einlegen und soweit garen, daß alles noch bißfest ist. Mit dem Schaumlöffel herausheben, auf ein Sieb geben und kalt abspülen. Sellerieknolle, Petersilienwurzel und Mohrrübe in Würfel schneiden, die Zwiebel fein hacken. Alles zu den Fischstücken geben. Erbsen, soweit erforderlich, im gleichen Wasser kurz garen, heraussieben, kalt abspülen und ebenfalls in die Schüssel geben. Mit Zitronensaft, Pfeffer und Salz würzen, alles durchmischen.

Gelatine in kaltem Wasser einweichen. Im Stieltopf Wein und Gemüsesud erhitzen, darin ausgedrückte Gelatine auflösen. Etwas Gelierflüssigkeit in die Form geben und erstarren lassen. Boden mit Gemüseteilen dekorieren. Dekoration mit Gelierflüssigkeit bedecken und erstarren lassen. Form schichtweise mit Fisch-Gemüse-Mischung füllen. Zwischendurch Gelierflüssigkeit aufgießen. Sülze erstarren lassen, dann stürzen.

Tips:
Damit die Gelierflüssigkeit für Spiegel und Dekoration schnell erstarrt, kann der Boden der Form wie folgt gekühlt werden: Auf ein Stück Alufolie ein in der Tiefkühlung vorgekühltes Kühlelement legen und darauf die Form stellen.

Das Stürzen einer Gelatine wird erleichtert, wenn die Form zuvor mit Frischhaltefolie ausgekleidet wurde. Nach dem Stürzen der Sülze wird diese entfernt. Wurde keine Frischhaltefolie verwendet, kann wie folgt verfahren werden: Form kurz in warmes Wasser stellen, eine Servierplatte oder ein Küchenbrett auflegen, dann die Sülze stürzen. Ein Ablöseeffekt wird auch erreicht, wenn auf die umgestürzte Form ein in heißes Wasser getauchtes, ausgewrungenes Küchentuch gelegt oder sie mit dem Haarfön rundum gleichmäßig erwärmt wird.

Karpfensülze

Zutaten für 4 Personen:
400–600 g gedünstetes Karpfenfleisch in ganzen Stücken • Zitronensaft • Pfeffer aus der Mühle • Salz. <u>*Gelierflüssigkeit:*</u> *450 ml Sud vom Karpfen • 50 ml Essig • 30 Blatt (45 g) Gelatine • Pfeffer aus der Mühle • Salz.*

Beilage: Schwarzbrot.

Nährwert pro Portion: ca. 180 kcal = ca. 750 kJ.

Hilfsmittel: Sieb, Durchseihtuch, Schüsselchen, Stieltopf, Auflaufform.

Zubereitungszeit: ca. 40 Min. **Auskühlzeit:** 12 Std.

Zubereitung:
Aus dem Karpfenfleisch vorsichtig die großen Gräten herausziehen. Sofern vorhanden, Haut am Fleisch belassen. Karpfensud durch in ein Sieb eingelegtes Durchseihtuch in den Stieltopf seihen. Essig zufügen, Flüssigkeit leicht pfeffern und salzen. Gelatine in kaltem Wasser einweichen. Flüssigkeit im Topf erhitzen. Gelatine darin auflösen. In die Auflaufform etwas Gelierflüssigkeit geben und erstarren lassen. Nach Belieben den Spiegel dekorieren, mit Gelierflüssigkeit bedecken und alles erstarren lassen. Karpfenstücke mit der Hautseite nach unten (liegt dann später oben) einlegen, Gelierflüssigkeit aufgießen, bis alles bedeckt ist. Nach dem Erstarren Sülze stürzen.

Weißfisch-Terrine mit Pistazien und Petersilie

Zutaten für 1 l-Form:
800 g gehäutete Filets vom Weißfisch (Döbel, Rotauge, Rotfeder, Brasse u.a.) • 100 ml Sahne • 30 ml trockener Weißwein (z.B. Riesling) • 50 g grüne Pistazien • 1/2 Bund krause Petersilie • Pfeffer aus der Mühle • Salz • Butter.

Beilagen: Preiselbeerschaum, Orangensauce (s. S. 164), Baguette.

Nährwert pro 100 g: ca. 250 kcal = ca. 1.050 kJ.

Hilfsmittel: Küchenmaschine mit Mixmesser, Passiersieb, Schüsseln, Sieb, Schneidbrett, Kochmesser, Bräter mit Deckel, Terrinenform mit Deckel (ersatzweise Alufolie).

Zubereitungszeit: ca. 1 Std. **Garzeit:** ca. 45 Min. **Auskühlzeit:** 12 Std.

Zubereitung:
Filets in Stücke schneiden, im Tiefgefrierfach ca. 8 Min. ankühlen. Pistazien in Wasser einweichen. Fischstücke in den Mixer geben, Sahne zugießen, pfeffern und salzen. Alles durchmixen. Mus durch das Passiersieb drehen und nochmals kühlen. Von der Petersilie die Blätter abzupfen, auf dem Schneidbrett mit dem Kochmesser fein hacken. Pistazien auf einem Sieb abtropfen lassen. Petersilie und Pistazien zum Fischmus geben und durchrühren.

Terrinenform mit Butter ausfetten. Fischmus einfüllen und glattstreichen. Mit dem Deckel (ersatzweise Alufolie) schließen. Im Bräter ausreichend Wasser erhitzen. Terrinenform einsetzen und garen. Nach dem Auskühlen Terrine stürzen.

Tips:
Damit beim Garen der Terrine diese auf dem Boden des Bräters nicht geräuschvoll „umhertanzt", in den Bräter ein gefaltetes Küchentuch legen.

Zum Auslösen der erkalteten Terrine diese an den Rändern mit einem spitzen Messer von den Wänden lösen, dann auf die gestürzte Form ein in heißes Wasser getauchtes Tuch legen.

Terrine von verschiedenem Fisch

Zutaten für 1 l-Form:
Je 250 g Filets von Hecht (Zander), Lachsforelle und Weißfisch (Döbel, Rotauge, Rotfeder, Brasse u.a.) • 50 g überbrühte Spinatblätter • 150 ml Sahne • 30 ml Weißwein • 3 Eiweiß • frisch gemahlener Pfeffer • Salz • Butter. <u>Sauce:</u> *1 Becher Crème fraîche • Zitronensaft • 1 EL Dillspitzen • Pfeffer aus der Mühle • Salz.*

Beilagen: Toastbrot, Salat.

Nährwert pro 100 g: ca. 200 kcal = ca. 840 kJ.

Hilfsmittel: Küchenmaschine mit Mixmesser, Passiersieb (feine Lochscheibe), Schüsseln, Teigschaber, Bräter mit Deckel (Wasserbad), Terrinenform mit Deckel (ersatzweise Alufolie).

Zubereitungszeit: ca. 60 Min. **Garzeit:** ca. 45 Min. **Auskühlzeit:** 12 Std.

Zubereitung:
Fischfilets in der Tiefkühlung 5 Min. ankühlen. Hechtfilet in Stücke schneiden, zusammen mit 50 ml Sahne, 10 ml Wein und 1 Eiweiß in den Mixer geben. 5 g Salz und 2 Messersp. Pfeffer zufügen. Durchmixen und durch das Passiersieb drehen. Auf gleiche Weise Lachsforellenfilets verarbeiten. Die Filets vom Weißfisch mit Spinat, 50 ml Sahne, 10 ml Wein, 1 Eiweiß, 6 g Salz und 3 Messersp. Pfeffer in den Mixer geben, alles durchmixen und durch das Passiersieb drehen.

Terrinenform mit Butter ausstreichen. Zunächst Hechtmus einfüllen und mit dem Teigschaber glattstreichen. Form auf einem Tuch aufstoßen. Danach Lachsforellenmus einfüllen und wie zuvor verfahren. Form mit grünem Fischmus auffüllen. Deckel aufsetzen bzw. mit Alufolie abdecken. Im Bräter ausreichend Wasser (halbe Terrinenhöhe) erhitzen, Terrine einsetzen und garen. Terrine aus dem Wasserbad nehmen, 10 Min. ruhen oder völlig erkalten lassen. Warm oder kalt in der Form mit der Sauce servieren.

Sauce: Dillspitzen fein hacken. Crème fraîche mit dem Zitronensaft und den Dillspitzen vermischen. Mit Pfeffer und Salz würzen.

Weißfisch-Terrine mit Paprika-Zwiebel-Gemüse

Zutaten für 1 l-Form:
750 g gehäutete Weißfischfilets (Döbel, Rotfeder, Rotauge, Brasse u.a.) • 80 ml Sahne • 3 Eiweiß • je 1 roter, gelber, grüner Paprika • 1 feingeschnittene Zwiebel • frisch gemahlener Pfeffer • Salz • Butter. <u>Sauce:</u> 10 g Butter • 1 feingeschnittene Zwiebel • 2 in Stücke geschnittene Tomaten • 3 TL Tomatenmark • 300 ml trockener Weißwein (Riesling) • 50 ml süße Sahne • Pfeffer • Salz • Martini • Zitronensaft.

Beilage: Kartoffelpüree.

Nährwert pro 100 g: ca. 200 kcal = ca. 840 kJ.

Hilfsmittel: Schüsseln, Küchenmaschine mit Mixmesser, Passiersieb, Schneebesen, Kartoffelschäler, Pastetenform (Kastenform), Alufolie, Bräter mit Deckel (Wasserbad), Stieltöpfe, Haarsieb, Servierplatte.

Zubereitungszeit: ca. 90 Min. **Garzeit:** Terrine ca. 45 Min. **Ruhezeit:** 20 Min.

Zubereitung:
Das Fischfleisch in Stücke schneiden und im Frostfach ca. 5 Min. kühlen. Fischstücke im Mixer pürieren, Masse durch Passiersieb drehen und nochmals 5 Min. kühlen. Erst Sahne, dann die Eiweiß mit dem Schneebesen in das Fischmus rühren, pfeffern und salzen. Mus im Kühlschrank kalt halten. Die Paprika mit dem Kartoffelschäler dünn schälen, halbieren, entkernen und in kleine Würfel schneiden. Paprikastücke bunt durcheinandermischen. Die Hälfte der Würfel unter die Fischmasse heben. Kastenform mit Butter ausfetten. Fischmasse einfüllen, mit Alufolie abdecken, im Wasserbad garen. Form herausnehmen, 20 Min. ruhen lassen. Im Stieltopf Butter erhitzen, verbliebene Paprikawürfel mit der Zwiebel darin schmoren, warm halten.

Sauce: In einem Stieltopf Butter zerlassen, die Zwiebel andünsten, Tomatenstücke zugeben und Saft ziehen lassen. Tomatenmark unterrühren, Weißwein aufgießen und alles ca. 10 Min. kochen. Die Sahne zugeben und 5 Min. weiterkochen. Sauce durch ein Sieb gießen, mit Pfeffer, Salz, Martini und Zitronensaft abschmecken.

Die noch warme Fischterrine auf eine Platte stürzen, in Scheiben schneiden, mit Paprika-Zwiebel-Gemüse und Sauce servieren.

Pastete mit Lachsmusfüllung

(Foto vorige Seite)

Zutaten für 1,5 l-Form:
750 g gehäutetes Forellenfilet • 300 g Lachsfleisch • 200 g gebrühte Spinatblätter • 150 ml Sahne • 3 Eiweiß • 3 EL feingeschnittener Dill • Schweinenetz • Essigwasser • Pfeffer aus der Mühle • Salz • Butter. <u>Pastetenteig:</u> *500 g Weizenmehl • 200 g Schweineschmalz • 1 Ei • 1 TL Salz • 1 TL geriebene Ingwerwurzel • 100 ml Wasser • 1 Eigelb • 10 ml Sahne.* <u>Sauce:</u> *100 ml Sahne • 200 ml Milch • Saft von 3 Orangen • frisch gemahlener Pfeffer • Salz • Zucker • Kartoffelmehl.*

Beilage: keine.

Nährwert pro 100 g: ca. 300 kcal = ca. 1.250 kJ.

Hilfsmittel: Küchenmaschine mit Mixmesser, Passiersieb (feine Lochscheibe), Schüsseln, elektrisches Handrührgerät, Sieb, großes Schneidbrett, Frischhaltefolie, Teigroller, Teigschaber, 2 metallene Schornsteine (ersatzweise Alufolie), Ausstechformen (für Verzierung), Fettpinsel, Stieltopf.

Zubereitungszeit: ca. 2 Std. **Garzeit:** Pastete: ca. 45 Min. **Auskühlzeit:** 12 Std.

Zubereitung:
Aus Mehl, Schmalz, Ei, Salz, Ingwer und Wasser im Mixer den Pastetenteig herstellen. Teigklumpen in Frischhaltefolie wickeln und im Kühlschrank eine Stunde ruhen lassen. Schweinenetz in Essigwasser wässern. Forellenfilet in Stücke schneiden, in der Tiefkühlung ca. 5 Min. ankühlen. Unter Zugabe von 100 ml Sahne und zwei Eiweiß Filetstücke im Mixer pürieren. Mus durch das Passiersieb drehen und in eine Schüssel geben, ca. 5 Min. kühlen. 2 Messersp. Pfeffer, 1 gestr. TL Salz und Dill in das Mus einarbeiten. Kühl stellen. Lachsfleisch mit der restlichen Sahne, einem Eiweiß, 1 Messersp. Pfeffer und etwas Salz im Mixer pürieren, durch das Passiersieb drehen, beiseite stellen. Backofen auf 200° C vorheizen.

Pastetenteig auf bemehlter Fläche 2–3 mm dick ausrollen. Teigplatten zuschneiden (s. Tip). Pastetenform mit Butter ausfetten und mit dem Teig so auskleiden, daß er nach allen Seiten ca. 2 cm überhängt (s. S. 155). Mit einem Teigklumpen am Boden und an den Wänden andrücken. Schweinenetz auf ein Sieb geben, mit kaltem Wasser abspülen, ausdrücken und auf dem Schneidbrett auslegen. Spinatblätter klein schneiden, auf das Schweinenetz verteilen. Mittig auf den Spinat das Lachsmus wie einen Wall auftragen, in den Spinat und das Schweinenetz einrollen.

Pastetenform zu einem Viertel mit Forellenmus füllen, dabei eine längliche Kuhle (Grube) schaffen. In diese Lachsmusrolle einlegen. Form mit Forellenmus auffüllen. Teigränder nach innen klappen, mit Eigelb bestreichen. Teigdeckel mit zwei vorgeschnittenen Schornsteinlöchern auflegen, Schornsteine einsetzen. Teigplatte mit aus Restteig ausgestochenen Ornamenten verzieren und mit in Sahne verquirltem restlichem Eigelb einpinseln. Auf der mittleren Schiene im Backofen bei 200° C 10 Min. an-, dann bei 180° C ausbacken. Pastete auskühlen lassen, aus der Form nehmen, in Scheiben schneiden und mit warmer Orangensauce servieren.

Orangensauce: Im Stieltopf Sahne und Milch erhitzen, Orangensaft zugeben, aufkochen. Mit Kartoffelmehl leicht binden, mit Pfeffer, Salz und Zucker abschmecken.

> **Tip:**
> Zuschnitt von Pastetenteig zum Auskleiden der Form: In die Mitte des ausgerollten Pastetenteiges die Form stellen und leicht andrücken. Form dann nach links und rechts auf die Seiten kippen und wieder andrücken. Entlang der Eindrücke Teig mit kleiner Zugabe in einem Stück zuschneiden. Für die Schmalseiten in deren Breite und anderthalbfacher Höhe zwei Teigplatten zuschneiden. Diese zuerst in die Form so einsetzen, daß ein Stück Boden mit bedeckt wird, dann Boden und Seitenwände auskleiden. Ecken innen mit schmalen Teigstreifen schließen.

Mit Fischmilch und Fischrogen gefüllte Pastete

Zutaten für 25 cm breite Auflaufform:
500 g abgekochte Fischmilch • 300 g abgekochter Fischrogen (beides z.B. vom Karpfen) • 80 ml Sahne • 3 Eier • 30 ml Zitronensaft • 3 EL gehackte Dillspitzen • Pfeffer aus der Mühle • Salz • Butter • 1 Eigelb • 10 ml Sahne • 1 Päckchen Hefeteig-Grundmischung • Mehl.

Beilage: keine.

Nährwert pro 100 g: ca. 280 kcal = ca. 1.160 kJ.

Hilfsmittel: Küchenmaschine mit Mixmesser, Schüsseln, Schöpfkelle, Teigschaber, Teigroller, Auflaufform, Trinkglas, Alufolie, Ausstechformen für die Verzierung, Fettpinsel.

Zubereitungszeit: ca. 2 Std. **Garzeit:** ca. 45 Min. **Auskühlzeit:** 12 Std.

Zubereitung:
Teig nach Packungsanweisung herstellen, in zwei Hälften teilen, jede davon auf bemehlter Fläche zu einer runden Scheibe ausrollen. Fischmilch und -rogen zusammen mit der Sahne, den Eiern, dem Dill in den Mixer geben und durchmixen. Masse pfeffern und salzen, Zitronensaft zufügen und einmal kurz durchmixen. Mit Pfeffer und Salz abschmecken. Backofen auf 200° C vorheizen.

Auflaufform ausbuttern und mit einer Teigscheibe so auskleiden, daß sie am Rand rundum ca. 2 cm überhängt. Füllmasse mit der Schöpfkelle hineingeben, glattstreichen. Teig vom Rand her einklappen, Teigränder mit Eigelb bestreichen. Aus der zweiten Teigscheibe passenden Deckel zuschneiden, in seiner Mitte mit einem Glas eine kreisrunde Öffnung ausstechen. Teigdeckel auflegen, verzieren und einen aus Alufolie gedrehten Schornstein in die Öffnung setzen. Oberfläche mit in Sahne verquirltem Resteigelb einpinseln. Mit Alufolie Pastete rund um den Schornstein abdecken. Auf mittlerer Schiene im Backofen 10 Min. anbacken, Alufolie entfernen, dann bei 180° C ausbacken. Pastete auskühlen lassen, in der Form anschneiden und servieren.

> **Tip:**
> Mangelt es an Fischmilch und -rogen, benötigte Füllmenge durch Fischfleisch auffüllen.

Fisch pökeln und räuchern

Der Verzehr von geräucherten Fischen zählt für deren Liebhaber zu den größten Gaumenfreuden. Ganz besonders dann, wenn die Geschuppten frisch, also noch warm, aus dem Rauch kommen. Die höhere Temperatur bewirkt einen intensiveren Genuß der – geräucherten Fischen eigenen – Aromastoffe; ein Effekt, der sich auch zu Hause erzielen läßt, wenn ausgekühlter Räucherfisch kurz vor dem Servieren im auf 80° C vorgeheizten Backofen auf einem mit Backpapier ausgelegten Backblech für 5–8 Min. aufgewärmt wird. Voraussetzung hierfür ist, daß sich noch die Haut am Fisch oder Fischfilet befindet, da es sonst zu einem merkbaren Austrocknungseffekt kommt. Außerdem sollte dieses Verfahren zur Erhöhung kulinarischer Gaumenfreuden stets nur einmal angewendet und der Fisch bzw. das Fischfilet nicht noch ein zweites Mal erwärmt werden.

Während große, den Handel beliefernde Räucherfisch-Hersteller grundsätzlich darauf achten, daß der von ihnen angebotene Räucherfisch geschmacklich weitestgehend von gleichbleibender Qualität ist, gibt es bei frisch geräucherte Fische anbietenden Berufsfischern und Teichwirten diesbezüglich beträchtliche Unterschiede. Mal ist das gute Tier zu salzig, ein anderes Mal geschmacklich zu lasch. Dann wieder schmeckt es zu stark nach Rauch, oder es hat zu wenig von diesem abbekommen. Ist der Fisch innen gar noch etwas roh, dann wird der Genuß genauso getrübt wie im umgekehrten Fall, wenn das Fleisch durch Übergaren schon auf dem Teller in seine Einzelteile zerfällt.

Der regional oftmals legendäre Ruf eines Fischräuchers gründet sich in dessen Fähigkeit des richtigen Umganges mit den jeweils zu räuchernden Fischen. Das beginnt bereits bei der Auswahl der dem Rauch anzuvertrauenden Geschuppten und setzt sich über deren Salzung (Pökelung) bis zum Steuern der Rauchtemperatur und der Verweildauer im Räucherofen fort. Obwohl prinzipiell jeder Fisch geräuchert werden kann, bestimmen doch dessen Größe und Fettigkeit den späteren Geschmack und Genuß. Wer jemals eine 350–500 g schwere, geräucherte Forelle verkostet und deren Saftigkeit genossen hat, der weiß dann, wie eine geräucherte Forelle wirklich schmecken kann. Daß Forellen mit diesem Gewicht nur verhältnismäßig selten angeboten und beim räuchernden Forellenwirt

Räucherkästen und das nötige Zubehör gibt es in verschiedenen Preislagen im Anglerfachgeschäft.

meist nur auf Bestellung erhältlich sind, hat seine Gründe: Einmal sind sie wegen ihres höheren Gewichtes teurer, andererseits sind die Kunden selten bereit, sich und ihren Gästen statt eines ganzen kleinen Filets die Filethälfte einer größeren Räucherforelle auf den Teller zu legen – obwohl sie sich damit selbst und ihren Gästen eine über das Übliche hinausgehende Gaumenfreude bereiten würden.

Neben dem Filet einer geräucherten Forelle gelten auch der Räucheraal, die geräucherte Lachsseite und der geräucherte Karpfen als besondere Delikatessen. Kenner und Verkoster von geräucherten Süßwasserfischen schwärmen darüber hinaus vom Verzehr geräucherter Brassen, Schleien, Barsche, Rotfedern und Rotaugen. Auch Hecht und Zander vermögen, richtig vorbereitet, im geräucherten Zustand Zunge und Gaumen zu erfreuen.

Pökeln und Räuchern

Ein wichtiges Kapitel bei Räucherfischen stellt deren Salzung bzw. Pökelung dar. Wie bei der Pökelung von Fleisch gilt auch bei Fisch, daß die Dicke des einzelnen Pökelstückes und die Salzkonzentration der Pökellake die Verweildauer in der Pökelung bestimmen. Des weiteren beeinflussen würzende Beigaben – entweder zur Pökellake oder zum Räuchermehl oder zu beidem – den späteren Geschmack; Binsenweisheiten, die jedoch (leider) vielfach nicht beachtet werden oder einfach in Vergessenheit geraten sind. Die dem Räuchern vorausgehende Vorbehandlung der Fische ist zudem davon abhängig, wo, wann und wie sie geräuchert werden sollen. Wer seine soeben aus dem Bach, dem Teich oder dem See gefangenen Forellen seiner Familie oder Freunden eine Stunde später frisch geräuchert aus dem mitgeführten kleinen Räucherkasten servieren will, der muß bei der Zubereitung der Geschuppten anders verfahren als ein Teichinhaber, der einen größeren Bekannten- oder Kundenkreis mit frischem Räucherfisch aus einem Räucherofen versorgt. Dabei ist es letztlich unwesentlich, ob es sich hierbei um ein

Für größere Fische: ein Räucherschrank.

ausrangiertes Metallfaß, eine normale Räucherkammer, einen selbstgemauerten Räucherofen oder um einen von verschiedenen Herstellern in unterschiedlicher Größe und Ausführung angebotenen Räucherschrank handelt. Daß man auch über offener Feuerstelle Fische räuchern kann, sofern sie durch Auflegen von feuchtem Moos oder Gras ordentlich Rauch entwickeln, wissen all jene, die bereits einschlägige Erfahrungen in freier Natur gesammelt haben.

Methoden

Frisch gefangener Fisch, der nach dem Ausnehmen gleich im mitgeführten Räucherkasten (erhältlich in jedem Anglerfachgeschäft, ebenso das erforderliche Räuchermehl) geräuchert werden soll, wird innen leicht mit Salz eingerieben und gepfeffert. Zur Verfeinerung des Aromas werden wahlweise ein Zweig Dill, 1–2 zerdrückte Wacholderbeeren, eine Scheibe von der Knoblauchzehe bzw. ein kleines Stück Zwiebel in die Bauchhöhle eingelegt. Da die Fische in diesen Räucherkästen auf zwei Ebenen geräuchert werden können, kommen die größeren auf den unteren Rost und die etwas kleineren Fische auf den oberen. So ist die Gewähr gegeben, daß nach Ablauf der Räucherzeit alle Fische gleichmäßig durchgegart sind. Die durch einen Spiritusbrenner (Rechaud), dessen Flamme sich gegen den Boden des Räucherkastens richtet, verursachte Verkohlung des Räuchermehls mit entsprechender Rauchentwicklung und die damit einhergehende Innenraumerwärmung sind in Bodennähe stärker als darüber. Die Zugabe eines Zweiges Wacholder oder anderer würzender Kräuter zum unbehandelten Buchenmehl (nur dieses sollte zum Räuchern verwendet werden, damit am Fisch kein bitterer, harziger Geschmack entsteht) vermag das angestrebte Ergebnis im Einzelfall zu verbessern. Geräuchert wird an windgeschützter Stelle, damit die Flamme den Boden gleichmäßig erwärmen kann. Stellt sich nach einer Räucherzeit von ca. 15–20 Min. (abhängig vom Räucherkasten und der Größe der Fische) heraus, daß der gewünschte Gar- und Räuchereffekt noch nicht erreicht ist, wird der Räuchervorgang mit in der Menge verringertem Räuchermehl und kürzerer Räucherzeit wiederholt. Die Menge des verwendeten Räuchermehls hängt von der Anzahl und Größe der zu räuchernden Fische ab und kann 2–4 EL betragen. Erstversuche sollten stets mit einer geringeren Menge Räuchermehl begonnen werden. Lieber einmal nachräuchern als gleich zu Beginn einen zu stark nach Rauch schmeckenden Fisch zu haben! Während des gesamten Räuchervorganges bleibt der Räucherkasten geschlossen. Ein vorzeitiges Öffnen würde sofort den Rauch und die Wärme entweichen lassen und das Ergebnis in Frage stellen.

In jüngerer Zeit wird immer wieder das Räuchern auf dem Küchenherd angeregt, wobei als Räuchergerät ein Wok, ein Bräter oder ein großer Topf mit einem Siebeinsatz dienen. Die Herdplatte liefert die zum Verkohlen des Räuchermehls erforderliche Hitze. Dabei wird wie folgt verfahren: Der Wok (Bräter, Topf) wird mit Alufolie ausgekleidet. Auf dem Boden werden 1–2 EL Räuchermehl (in Ermangelung dessen wird von ver-

Aus Ziegeln selbstgebauter Räucherofen.

schiedener Seite die Verwendung von Teeblättern und trockenen Kräutern empfohlen) verteilt, dann wird der Siebeinsatz, auf dem die Fische oder Fischstücke liegen, eingesetzt. Oben wird das Gerät mit Alufolie abgedeckt und mit dem Deckel verschlossen. Begonnen wird mit höchster Temperaturstufe, die nach 8–10 Min. um ein Drittel gemindert wird. Nach weiteren 10–15 Min. wird die Feuerstelle ausgeschaltet. Ist das Räuchergefäß auf Handwärme abgekühlt, kann der Fisch entnommen werden – nach Erfahrungen des Autors eine Methode, die zwar funktioniert, aber allerlei Umstände bereitet. Einmal verfärbt sich trotz Einlegen der Alufolie durch Kontakt mit Sauerstoff der Boden des Wok (Bräter oder Topfes). Er muß anschließend mit Essigwasser sauber gekocht oder mit entsprechenden Mitteln poliert werden. Zum anderen läßt es sich – auch bei eingeschalteter Dunstabzugshaube – nicht vermeiden, daß die Küche noch Stunden danach den Duft einer Räucherkammer verbreitet. Letztlich ist zu bedenken, ob ein im Anschaffungspreis doch sehr hochwertiges Koch- und Bratgerät zum gelegentlichen Räuchern anstelle eines preiswerten Räucherkastens aus dem Anglerfachgeschäft verwendet wird. Wer selbstgeräucherten Fisch servieren will, der sollte diese kleine, ihm auf Jahre dienliche Investition nicht scheuen. Hinsichtlich der Vorbereitung der Fische zum Räuchern auf dem Herd kann zwischen den in diesem Kapitel beschriebenen Salzungsmethoden gewählt werden.

Pökellake

Die erfahrungsgemäß beste Methode, einen später zum Räucherfisch veredelten Geschuppten zu salzen, ist dessen Einlegen in eine Pökellake. Hierzu folgende Empfehlung: Die zum Einlegen benötigte Wassermenge mit einigen Stengeln Dill (am besten Dillblüte), Wacholderbeeren, Senfkörnern, Pimentkörnern, weißen Pfefferkörnern, 2–3 Lorbeerblättern, 1–3 Knoblauchzehen aufkochen und erkalten lassen. In den Sud ein rohes Ei geben und soviel Kochsalz einrühren, bis das Ei aufschwimmt. Erreicht wird eine ca. 16–18prozentige Pökellake. Nach Entfernen des Eies werden noch 2–3 geschälte und in Scheiben geschnittene Zwiebeln und Scheiben von 2–3 unbehandelten Zitronen zugegeben. In dieser Lake werden Forellen und gleichgroße Fische über Nacht (ca. 10–12 Std.) gepökelt, anschließend 2–3 Std. in klarem Wasser gewässert und mit einem Küchentuch innen und außen gut trockengetupft. Der Fisch hat jetzt ein feinwürziges Aroma und enthält ausreichend, jedoch nicht zuviel Salz. Die Pökelung über Nacht reicht auch für Aal, Schleie, Barsch, Brasse und Karpfen bis zu 1.500 g (ausgenommen) aus. Schwerere Fische sowie Hecht und Zander sollten 12–14 Std. gepökelt und anschließend bis zu 3 Std. gewässert werden. Das nachfolgende Wässern entzieht überschüssiges, im oberen Fleischbereich angelagertes Salz. Wird überhaupt nicht gewässert und zudem eine salzhaltigere Pökellake verwendet, schmeckt der Fisch nach dem Räuchern sehr salzig. Auch sollte auf die Verwendung des schärferen Pökelsalzes verzichtet werden, da es bei den weißfleischigen Fischen zweckentfremdend wäre. Der im Pökelsalz enthaltene Salpeter (Nitrat) vermag nur dem Fleisch von Warmblütern seine rote Farbe zu erhalten. Beim Räuchern selbst sollte, sofern über Temperaturmessung kontrollierbar (bei Räucherschränken meist durch Thermometereinsatz gegeben), eine Rauch- und damit Gartemperatur von 50–60° C eingehalten werden, wobei anfangs eine höhere Temperatur (bis 80° C) über wenige Minuten nicht schadet. Hinsichtlich der Räucherzeit geben die Gerätehersteller entsprechende Empfehlungen. Auf welche Art und mit welchen Gewürzen und Kräutern die Pökelung der Fische durchgeführt und mit welchem Gerät sie auch immer geräuchert werden – letztlich zählt nur eines: Das Ergebnis muß den Gourmet erfreuen.

Geräucherte Forellen – frisch aus dem kommerziellen Räucherofen.

Filetieren von Räucherfisch

1. Beispiel **Forelle**: Flossen herausziehen, mit Messerspitze Haut am Rücken aufschneiden.

2. Kopf vom Körper abtrennen. Später die Bäckchen aus dem Kopf lösen.

3. Messerspitze am Schwanz zwischen Mittelgräte und unteres Filet schieben.

4. Mit dem Messer unteres Filet festhalten, Mittelgräte mit oberem Filet abheben.

5. Abgehobenes Filet auf die Hautseite legen und die Mittelgräte ablösen.

6. Filet auf die Fleischseite legen und die Haut vom Schwanz zum Kopf hin abziehen.

1. Beispiel **Aal**: Haut entlang des Rückens und, soweit erforderlich, am Bauch durchtrennen.

2. Vom Rücken her Filetstücke mit dem Messer in ganzen Teilen von der Gräte lösen.

3. Von der dünneren zur dickeren Filetseite hin die Haut zu 2/3 lösen und einrollen.

Salat von Räucherfischen

Zutaten für 4–6 Personen:
1 geräucherte Forelle (ca. 250 g) • 1 geräucherter Barsch (ca. 350 g) • 1/4 geräucherter Karpfen (ca. 500 g) • 200 g geräucherter Aal • 1 Bund Radieschen • 150 g Champignonköpfe aus dem Glas. <u>Sauce:</u> *50 ml Kürbiskernöl • 30 ml Balsamessig • 2 kleine Schalotten • 1 TL feingeschnittener Dill • Pfeffer aus der Mühle.*

Beilagen: Baguette, Laugenbrezeln, Schwarzbrot.

Nährwert pro 100 g: ca. 200 kcal = ca. 840 kJ.

Hilfsmittel: große und kleine Schüsseln, Haarsieb, Salatbesteck.

Zubereitungszeit: ca. 30 Min.

Zubereitung:
Forelle, Barsch und Karpfen filetieren (s. S. 171), sichtbare Gräten herauszupfen und die Filets in mundgerechte Stücke schneiden. Aal filetieren, häuten und ebenfalls in Stücke schneiden (s. S. 105). Radieschen putzen, die Hälfte davon vierteln, den Rest einkerben und in eine Schüssel mit Wasser legen. Champignons auf einem Sieb abtropfen lassen.

Alles in eine Schüssel geben, mit der Sauce übergießen und durchmischen.

Sauce: Schalotten schälen und klein schneiden. Mit dem Dill in eine Schüssel geben. Öl, Essig und Pfeffer zugeben, durchmischen und abschmecken.

> **Hinweis:**
> Eine beliebte Beigabe zu allen Arten von Räucherfisch ist **Meerrettichsahne**.
>
> **Zutaten:**
> *125 ml Sahne • 100 g Meerrettichstange.*
>
> **Hilfsmittel:** elektrisches Handrührgerät, Kartoffelschäler, Schüssel, Reibe.
>
> **Zubereitung:**
> Sahne steif schlagen. Meerrettich schälen und auf einen Teller reiben. Teelöffelweise unter die Sahne mischen, wegen der Schärfe zwischendurch verkosten. <u>Achtung:</u> Wird statt frisch geriebenem Meerrettich solcher aus dem Glas verwendet, wird die Sahne schnell grießelig, da sie wegen der im Meerrettich enthaltenen Konservierungssäure gerinnt.

Terrine vom geräucherten Fisch

Tip:
Fehlt es an einer Terrinen- oder Kastenform, kann die Terrinenmasse auch in mit Butter ausgestrichenen hohen Tassen gegart werden. In diesem Fall werden die Tassen 4/5 hoch gefüllt und mit Alufolie verschlossen.

Zutaten für 1 l-Form:
*800 g Filet vom geräucherten Fisch (Forelle, Karpfen, Barsch, Brasse) • 150 ml Sahne • 3 Eiweiß • Dill • Pfeffer aus der Mühle • Butter.
Sauce: 1 Becher saure Sahne (Schmand) • 40 ml Sahne • feingeschnittener Dill • frisch gemahlener Pfeffer • Salz.*

Beilage: Baguette oder Toast.

Nährwert pro 100 g: ca. 170 kcal = ca. 700 kJ.

Hilfsmittel: Küchenmaschine mit Mixmesser, Passiersieb (feine Lochscheibe), Kastenform (Kuchenform), Alufolie, Bräter mit Deckel (Wasserbad), Schüssel.

Zubereitungszeit: ca. 40 Min. **Garzeit:** Terrine: ca. 35 Min. **Auskühlzeit:** 5–6 Std.

Zubereitung:
Die Filets mit Sahne und Eiweiß im Mixer pürieren und durch das Passiersieb drehen. Den feingeschnittenen Dill unter die Masse rühren, mit Pfeffer würzen. Eine kleine Kastenform buttern und die Fischmasse bis kurz unter den Rand einfüllen. Mit Alufolie abdecken. Wasser im Bräter erhitzen, Terrinenform einsetzen. Bei geschlossenem Deckel und mittlerer Hitze garen. Im Kühlschrank auskühlen lassen, stürzen und mit der Sauce servieren.

Sauce: Saure Sahne, Sahne und Dill in eine Schüssel geben, pfeffern und salzen. Alles gut durchmischen. 10 Min. ruhen lassen, dann mit Pfeffer und Salz abschmecken.

Wissenswertes in der Fischküche

Die Verarbeitung von Fisch in der Küche ist an sich unproblematisch, solange bestimmte Gegebenheiten beachtet werden. Wichtig ist es, zu wissen, daß sich das Fleisch der Fische in der Zusammensetzung seines Eiweißes und Fettes wesentlich von dem der Schlachttiere und des Wildes unterscheidet. Hinzu kommt, daß Fischfleisch kein Bindegewebe enthält und deshalb leicht verdaulich ist. Das Fehlen von Bindegewebe ist auch ein Grund dafür, daß frisch gefangener Fisch sofort zubereitet und gegessen werden kann, ohne daß man sich an ihm die Zähne ausbeißt. So besitzt Fisch unter allen Nahrungsmitteln tierischer Herkunft die höchste biologische Wertigkeit, eignet sich vorzüglich für eine gesunde Ernährung und zur Verwendung in der Diät- und Krankenküche.

Die besondere Zusammensetzung des Fischeiweißes und seine leichte Zersetzbarkeit lassen rohes Fischfleisch leichter verderben als das Fleisch der Schlachttiere, das eine Tage und Wochen dauernde Fleischreifung durchlaufen muß, ehe es zubereitet und genußvoll verzehrt werden kann. Zwar durchläuft auch das Fleisch von Fischen eine Reifung, diese dauert jedoch nur wenige Stunden. Erkennbar ist sie an der Versteifung der Fische (Totenstarre). Sobald sich diese aufgelöst hat, besitzt das Fischfleisch sein arttypisches feines Aroma, bedingt durch während der Reifung wirksam werdende Enzyme; ein Prozeß, der sich – unterstützt durch Fäulnisbakterien – nach Beendigung der Fleischreifung zunächst langsam, dann verstärkt fortsetzt und schließlich zum Verderben des Fisches führt, erkennbar an dem immer stärker werdenden fischigen Geruch, am Nachlassen der Spannkraft des Fleisches und an einem Schmierigwerden von dessen Oberfläche bei gleichzeitiger Verfärbung. Daß Fische mit derartigen Merkmalen nicht mehr verwertet und in den Mülleimer geworfen werden müssen, sollte selbstverständlich sein.

Salzen und säuern

Um den relativ rasch einsetzenden, durch Mikroorganismen (Bakterien) verursachten Zersetzungs- und Fäulnisprozeß hinauszuzögern und den Fisch länger genußfähig zu erhalten, wurde in Kochbüchern älterer Zeit stets empfohlen, ihn kräftig zu salzen und zu säuern. Sowohl Salz als auch Säure wirken antibakteriell und verhindern bzw. mindern die Vermehrung von das Fleisch zersetzenden Mikroorganismen – eine durchaus sinnvolle Maßnahme in Zeiten, in denen es keine Kühl- und Tiefkühlmöglichkeiten gegeben hat, wie sie uns heute mit Kühl- und Tiefkühlschrank, Kühleisherstellung sowie Kühltransporter zur Verfügung stehen. Ein geradezu klassisches, immer wieder zitiertes Beispiel über die Auswirkungen erfolgter, dem Transport und der Frische von Fisch dienender technologischer Veränderungen war die seinerzeitige Reaktion der Verbraucher in küstenfernen Regionen: Als die ersten, durch Kühlung frisch gehaltenen Fische von Händlern angeboten wurden, stießen sie rundweg auf Ablehnung. Begründung: Die Fische würden überhaupt nicht nach Fisch riechen und seien deshalb wohl schlecht. Es kostete die Fischhändler damals viel Überzeugungsarbeit, um ihren Kunden das Gegenteil zu vermitteln.

Fisch kräftig zu salzen und zu säuern, aus vergangener Zeit in Rezepten für die Zubereitung von Fisch bis heute überliefert, erübrigt sich in der neuzeitlichen Fischküche. Ausnahme: Beides dient zur Würzung des Fischfleisches, sollte dann aber sparsam eingesetzt werden. Oder es stellt eine rezepteigene Notwendigkeit dar, wie es bei in Salz oder sauer eingelegtem Fisch der Fall ist. Hinzu kommt, daß das Einwirken von Säure zu einer Zersetzung rohen Fischfleisches führt – etwas, das schon nach wenigen Stunden feststellbar ist und das Garergebnis in Pfanne und Topf ungünstig zu beeinflussen vermag.

Enzyme und Erreger

Süßwasserfische, ob selbst geangelt oder beim Teichwirt bzw. Berufsfischer erworben, müssen unmittelbar nach dem Schlachten ausgenommen werden, wenn sie als Speise optimalen Genuß bieten und für den Verzehr gesundheitlich unbedenklich sein sollen. Der Grund: Sich im Magen-Darm-Trakt befindende Enzyme beginnen unmittelbar nach Eintritt des Todes des Fisches die Magen-Darm-Wände zu „durchlöchern" und ermöglichen es hierdurch den sich dort befindenden Mikroorganismen, in das Fleisch einzuwandern und sich zu vermehren. Wird der Fisch nach Schlachtung und Ausnehmen luftig kühl, z.B. in einer mit Kühlelementen ausgestatteten Kühlbox oder -tasche, oder auf Eis gelagert und transportiert, dann wird seine Keimbelastung vermindert. Ein Transport in Gefrierbeuteln oder Plastiktüten sollte nur kurzzeitig erfolgen, damit der Fisch nicht „stickig" wird – ein Vorgang, der besonders bei hohen Außentemperaturen relativ rasch eintreten kann. Im Kühlschrank bei Temperaturen von +7° C und darunter (mit Thermometer kontrollieren!) läßt sich fangfrischer Fisch bis zu einem Tag aufbewahren, ohne an Qualität zu verlieren. Besser: Er wird noch am gleichen Tag zubereitet und verzehrt oder anderweitig verarbeitet.

Schuppen, Fischgeruch, Giftigkeit

Eine oft als lästig und unangenehm empfundene Begleiterscheinung bei der küchenmäßigen Verarbeitung von Fischen ist das Schuppen der Haut. Damit Schuppen nicht noch nach Tagen an verschiedenen Stellen in der Küche gefunden werden, kann das Schuppen von kleinen Fischen im Küchenbecken unter leicht fließendem Wasser erfolgen. Beim Schuppen größerer Tiere hat sich der Einsatz einer Wanne bewährt, in der sich soviel Wasser befindet, daß der Fisch gerade damit bedeckt ist. Um einen nachfolgenden, an den Händen haftenden Fischgeruch zu vermeiden, ist das Tragen dünner Plastikhandschuhe von Vorteil. An Küchenutensilien, wie Töpfen, Pfannen, Schneidbrett und Messer, anhaftender Fischgeruch läßt sich entfernen, wenn diese zunächst mit kaltem Wasser ausgespült bzw. mit Essigwasser abgewaschen werden. Beim Ausnehmen und Schuppen des Flußbarsches, der – wie der Zander – am Rücken Stachelflossen trägt, ist man gut beraten, diese zuvor mit einer Küchenschere abzuschneiden und somit schmerzhafte und langsam verheilende Stichverletzungen an der Hand zu vermeiden (verursacht durch eine giftige Substanz, die aus einer sich an der Basis des ersten Rückenflossenstrahls befindenden Drüse stammt).

In einer Plastiktüte dürfen Fische nur kurzzeitig transportiert werden, da sie sonst stickig werden.

Als giftig gelten ferner Eiweißverbindungen im Blut von Aal und Wels, die auf das Nervensystem wirken (Neurotoxine). Allerdings bedarf es hierzu des Eindringens größerer Mengen in die eigene Blutbahn, was in der Praxis – wenn nicht bewußt herbeigeführt – nahezu unmöglich ist. Bei einer Schnittverletzung verhindert das Austreten des eigenen Blutes aus der Wunde den Eintritt des Nervengiftes. Gelangen Aal- oder Welsblut ins Auge, dann ist dieses sofort gründlich mit Wasser zu spülen und mit Atropin zu behandeln. Beim Durchgaren (Kochen, Braten, Räuchern) des Fisches werden die giftigen Substanzen zersetzt und damit unschädlich, so daß der Geschuppte unbedenklich und genußvoll verzehrt werden kann.

Ein ganz anderes Kapitel stellen Vergiftungen durch Fischverzehr dar, die ihre Ursache nicht im Fisch selbst haben. Wie bei anderen Lebensmitteln ebenfalls, besteht auch bei Fisch grundsätzlich die Möglichkeit, daß das Fleisch von Salmonellen besiedelt wird. Bei längerer Verweildauer in Zimmertemperatur vermehrt sich dieser Erreger kräftig (bei 20° C und mehr Verdoppelung der Erreger alle 20 Min.). Gründliches Durcherhitzen vermag die Gefahr der Erkrankung an einer Salmonellose auszuschließen. Vergiftungsgefahr ist auch beim Vorkommen von Botulismus-Erregern gegeben – ein Bazillus, der sich unter Sauerstoffmangel und bei hohen Außentemperaturen in Tümpeln und Teichen entwickelt und eine stark giftige Verbindung ausscheidet. In Folie eingeschweißte Fische, bei denen die Kühlkette unterbrochen wurde, können mit Botulismus-Erregern belastet sein. Da diese ein Gas absondern, bläht sich die Umhüllung auf. Der Inhalt von Packungen mit solchem Erscheinungsbild sollte zur eigenen Sicherheit nicht verwertet werden, zumal das vom Botulismus-Erreger erzeugte Gift auch durch Erhitzen nicht zerstört wird.

Daß beim Verdacht auf eine Fischvergiftung sofort der Arzt aufgesucht bzw. gerufen werden muß, versteht sich von selbst. Seiner bedarf es dagegen nicht immer, wenn einem beim Verzehr von Fisch einmal eine Gräte im Hals, eigentlich in der Speiseröhre, stecken bleibt. Ein bewährtes Mittel, diese zu lösen und in den Magen zu transportieren, wo sie durch die Magensäure zersetzt wird, ist das Schlucken eines Stückes gekochter, unzerkauter Kartoffel. Dies kann zwei-, dreimal erfolgen. Steckt die Gräte dann noch immer fest, muß der Arzt bemüht werden.

Tiefkühlung und Haltbarkeit

Während im allgemeinen meist nur soviel frischer Süßwasserfisch eingekauft wird, als für eine Mahlzeit erforderlich, gibt es doch Situationen, in denen mehr frische Fische verfügbar sind, als für eine Mahlzeit benötigt werden; sei es, weil das Angebot beim Berufsfischer oder Teichwirt überaus günstig ist und man sich deshalb mit einem kleinen Vorrat versieht oder weil man als Angler großes „Petri Heil" gehabt hat und gleich mehrere Hechte, Zander, Karpfen, Schleien, Döbel, Rotfedern, Rotaugen u.a. mit nach Hause bringt. Für begeisterte Fischesser gewiß kein Problem, zumal die Geschuppten in der Tiefkühlung über einige Wochen bevorratet werden können.

Daß Fische wie auch Teile von diesen selbst in der Tiefkühlung frisch und saftig bleiben, ist eine Frage der Einfriertechnik: Der gesäuberte, abgewaschene und mit Küchenkrepp trockengetupfte Fisch kommt zunächst unverpackt auf einem Rost in die Tiefkühlung. Ist er gefroren, wird er kurz in kaltes Wasser getaucht, anschließend in einen Gefrierbeutel gegeben und eingeschweißt bzw. ohne Lufteinschluß verpackt und in der Tiefkühlung gelagert. Der durch das Eintauchen des gefrorenen Fisches in kaltes Wasser auf der Oberfläche entstehende dünne Eisfilm wirkt wie eine Versiegelung. Sie schützt den Fisch vor Frostbrand und Austrocknung. Das Auftauen erfolgt in einer Schüssel an kühlem Ort (z.B. Kühlschrank). Anschließend wird der Fisch wie vorgesehen verwertet.

Magere Fische ohne großen Fettanteil, wie Forelle, Flußbarsch, Hecht, Zander, Döbel, Rotfedern und Rotaugen, können bei −18° C bis zu fünf Monaten, fettreiche Fische, wie Schleie, Karpfen, Aal, bis zu zwei Monaten gelagert werden. Gekochter, gebratener oder geräucherter Fisch sowie gekochte Krebse lassen sich in der Tiefkühlung bis zu fünf Monaten lagern, ehe sich wesentliche Geschmacksveränderungen einstellen. Generell gilt: Je eher gefrostete Fische und Krebse – ungekocht wie gegart – zubereitet und verzehrt werden, desto besser schmecken sie.

Nährwerttabelle Süßwasserfische

je 100 g verzehrbarer Anteil

Süßwasserfische	Energie		Hauptnährstoffe		Cholesterol	Mineralstoffe/Spurenelemente							Vitamine		
			Eiweiß (Protein)	Fett		Natrium	Kalium	Calcium	Phosphor	Eisen	Fluor	Jod	A	B1	B2
	kJ	kcal	g	g	mg	mg	mg	mg	mg	mg	mg	µg	µg	mg	mg
Aal, Flußaal	1176	280	15,0	24,5	70	65	217	17	223	0,6	0,16	4,0	980	0,18	0,32
Aal, geräuchert	1327	316	17,9	26,8	70	500	243	19	250	0,7	0,18	4,5	750	0,19	0,37
Barsch (Flußbarsch)	340	81	18,4	0,8	72	47	330	20	198	1,0	–	4,0	7	0,08	0,12
Brassen	487	116	16,6	5,5	–	23	310	89	–	–	–	–	–	–	–
Forelle (Bachforelle)	428	102	19,5	2,7	55	40	465	18	242	1,0	0,03	3,2	45	0,08	0,08
Hecht	344	82	18,4	0,9	–	63	250	20	192	1,1	0,08	–	8	0,09	0,06
Karpfen	483	115	18,0	4,8	–	46	306	29	216	1,1	0,03	1,7	56	0,07	0,05
Krebs (Flußkrebs)	269	64	15,0	0,5	–	253	254	43	224	2,0	–	–	–	0,15	0,10
Lachs	907	217	19,9	13,6	60	51	371	13	266	1,0	0,58	34,0	65	0,17	0,17
Lachs, geräuchert	714	170	21,6	9,3	–	–	–	14	245	–	–	–	–	–	–
Renke (Felchen)	420	100	17,8	3,2	–	36	318	60	290	0,5	0,10	–	–	–	–
Schleie	323	77	17,7	0,7	–	80	245	31	156	0,8	–	–	+	0,08	0,18
Zander	361	86	19,2	0,7	–	81	237	27	194	1,4	–	–	–	0,16	0,25

Zeichenerklärung

kJ = Kilojoule
kcal = Kilokalorie (1 kcal = 4,184 kJ)
g = Gramm
mg = Milligramm (1 mg = 0,001 g)
µg = Mikrogramm (1 µg = 0,001 mg)
+ = Inhaltsstoff nur in Spuren vorhanden
– = es liegen keine Daten vor

Quellen: AID, Fisch 1001/96
Die große Nährwert-Tabelle, Gräfe und Unzer Verlag, München
Hinweis des Autors: Als Werte für Döbel, Rotauge und Rotfeder können die der Forelle angesetzt werden.

Beilagen und Würzmittel

Reis und Nudeln – beliebte Beilagen zu Fisch.

Die Wahl der Beilagen zu einem Fischgericht muß stets mit Sorgfalt und unter Berücksichtigung der Fischart und ihrer Zubereitung getroffen werden. Als klassische Beilage gelten gekochte Kartoffeln, da sie – weitgehend geschmacksneutral – das Eigenaroma gebratener wie gedünsteter Fische und der zu diesen gereichten Saucen sich voll entfalten lassen. Gleiches gilt für fast alle Zubereitungen aus Kartoffeln, wie Kartoffelpüree, Kroketten und Pommes frites, aber auch Kartoffelsalat. Im Einzelfall sind auch Bratkartoffeln oder Klöße, hier mehr die aus gekochten und rohen Kartoffeln hergestellten, eine treffliche Wahl. Gut beraten ist auch, wer zum Fisch Reis serviert, eine ebenfalls als klassisch bewertete Beilage. Naturbelassenem und wildem Reis, einzeln oder miteinander vermischt, ist der Vorzug vor fertig gewürzten Reismischungen zu geben – es sei denn, daß die Würzung mit der Fischzubereitung, insbesondere mit der Sauce, harmoniert. Wer schon öfter derartige Reismischungen als Beilage eingesetzt hat und deren Aromakompositionen kennt, wird auch bei ihrer Wahl für ein Fischgericht keinen Fehlgriff tun. Ebenfalls mit Fisch harmonieren Teigwaren verschiedenster Art. Reisnudeln (Glasnudeln) sind als Beilage dann angesagt, wenn Fisch asiatisch gewürzt und zubereitet wird.

Gemüse und Salate

Gemüse bietet eine Fülle an Wahlmöglichkeiten als Beilage. Ob aus dem eigenen Garten, aus dem jahreszeitlichen Angebot beim Gemüsehändler oder aus der Tiefkühltruhe – wesentlich ist eines: Es sollte so gewählt werden, daß sein Eigengeschmack den des zubereiteten Fisches nicht übertönt. Rotkohl, Grünkohl, Rosenkohl und Wirsing, kräftig im Geschmack, eignen sich als Beigabe zu Fisch weniger als gedünsteter Blattspinat und Paprika. Blumenkohl, Brokkoli, Romanesco (ital. Blumenkohl), Mohrrüben, Zuckerschoten, Erbsen, Prinzeßbohnen, Kohlrabi, Zucchini, Lauch, Spargel, Schwarzwurzel und Mais können zu fast jedem Fischgericht gereicht werden. Einzelnen Fischzubereitungen vorbehalten sind Pilze als Beilage. Dabei rangieren Champignons und Austerlinge vor Butterpilzen, Pfifferlingen und Steinpilzen. Als Beilage immer richtig zu Fisch ist ein Salat, zubereitet aus den verschiedenen Blattsalaten, aus Gurke oder Chicorée.

Würzungen

Zu unterscheiden ist zwischen den Aroma gebenden Zutaten zur Herstellung einer Fischbrühe, den Würzmitteln für den Fisch an sich und jenen für die dazu gereichte Sauce. Wurzelgemüse und Kräuter (Dill, Petersilie, Estragon, Kerbel, Thymian, Majoran, Minze, Basilikum u.a.), aber auch Lorbeerblatt, Piment, Koriander, Kümmel, Wacholderbeeren und Senf verfeinern neben anderen Würzzutaten (z.B. Saucenbrot) zusammen mit frisch gemahlenem Pfeffer und Salz Fischbrühen und -saucen. Die Möglichkeiten ihrer Zusammenstellung sind vielfältig und laden zum Experimentieren ein. Als Würzmittel im Saucenbereich haben sich auch Säfte verschiedener Obstsorten bewährt, wobei es hier auf die richtige Abstimmung von Süße und Fruchtsäure ankommt. Eine geschmackliche Abrundung von Fischsaucen ermöglicht die Zugabe von Champagner oder Sekt, von trockenen wie süßen Weinen, von Zitronensaft und einer Vielzahl aromatischer Essige. Ein Tip: Wer vermeiden will, daß er seine Sauce in die eine oder andere Richtung überwürzt oder geschmacklich so verändert, daß sie dem angestrebten Ergebnis nicht mehr entspricht, der sollte ein wenig davon in eine Tasse geben, diese vorab würzen und abschmecken und danach die Entscheidung über die Würzung fällen; ein Verfahren, das generell empfohlen werden kann. Ein eigenes Kapitel in der Fischküche stellt die Verwendung von Knoblauch als Würzmittel dar. Er sollte, vor allem bei der Zubereitung von Süßwasserfischen, sparsam verwendet werden, da sein kräftiges Aroma deren Eigengeschmack rasch zu übertönen vermag.

Essige, Öle, Saucen, Senf u.a. vermitteln auch Fisch aromatische Höhepunkte.

Frische Kräuter und Wurzelgemüse verleihen Fischbrühen und -saucen eine besondere Geschmackskomponente.

Fisch und Wein

Seit der Mensch Rebstöcke setzt, Trauben keltert und ihren Saft zu Wein vergären läßt, ist Wein als Zutat und Getränk zu Fischgerichten nicht mehr wegzudenken. Schon die Pharaonen schätzten zum im Nil gefangenen und in Tongefäßen gegarten Fisch den in Bechern kredenzten Wein. Und der römische Schlemmer und Hobbykoch Marcus Gavius Apicius beschreibt in seinem Werk „De re coquinaria" („Über die Kochkunst") zahlreiche Fischzubereitungen, bei denen neben einer Vielzahl von Gewürzen und Öl auch Wein verwendet wird – etwas, das sich bis in die heutige Zeit erhalten hat.

Es ist die feine, fruchtige Säure des Weines, welche einer Fischbrühe und Fischsauce die besondere Note verleiht. Als Kochwein eignen sich allerdings – ohne Anspruch auf Vollständigkeit zu erheben – nur Rebsorten wie Riesling, Chadonnay, grüner Veltliner, Muskadet, Savignon blanc und Semillon, die säurebetont sind und Frische vermitteln. Andere Weine hingegen, deren Bukett breit angelegt, von erdiger Note und tanninhaltig ist, wird der Freund einer guten Fischküche zum Anreichern von Brühen und Saucen nicht einsetzen, damit er von deren Geschmack hinterher nicht enttäuscht ist. Die alte Regel, derzufolge stets jener Wein zum Kochen verwendet werden sollte, der auch später zum fertigen Gericht gereicht wird, ist nur bedingt richtig. Wein ist bei der Zubereitung nur einer von mehreren Aromaträgern. Er liefert den aromatischen Grundton, mit dem alle übrigen Würzzutaten in Brühe und Sauce harmonieren müssen. Neben trockenen und fruchtbetonten Weinen eignen sich auch trockene Champagner und Sekte für Verfeinerungen in der Fischküche. Der Restinhalt so mancher Champagner- oder Sektflasche hat hier bereits den Gaumen erfreuende Dienste geleistet und eine sinnvolle Verwertung erfahren.

Welcher Wein zu welchem Fisch? Eine Frage, die – so gestellt – eigentlich unzulässig ist, da ein Fischgericht außer dem Geschuppten selbst noch mehrere andere Teile, wie die Sauce und die Beilagen, beinhaltet. Sie alle müssen in die Überlegung bei der Auswahl des Tischweines einbezogen werden. Außerdem (und dies weiß jeder Weinliebhaber) kann es bei Wein gleicher Rebsorte und Herkunft erhebliche jahrgangsbedingte Unterschiede geben. Die beste, da sicherste Empfehlung eines Weines ist dann gegeben, wenn beim Verkosten des Fischgerichtes verschiedene Weine zuprobiert und einer dann als passend ausgewählt wird – in guten Restaurants, zumindest früher, eine Selbstverständlichkeit. Der Empfehlung des Sommeliers (Weinkellners), der sich zuvor in der Küche von der richtigen Abstimmung ihres Erzeugnisses mit dem zu servierenden Wein überzeugt hatte, konnte nahezu blind gefolgt werden. Anders heute, wenn einem die Weinkarte mit der Bitte um eigene Wahl vorgelegt wird. Gewiß nicht falsch wählt derjenige, der sich für einen jungen, fruchtigen und trockenen Riesling, Chadonnay (Chablis), Muskadet, grünen Veltliner, Savignon blanc oder für eine diesen ähnliche Sorte entscheidet. Kühl serviert, vermögen sich diese Weine vielen Fischzubereitungen „anzupassen" oder ihnen gegenüber auf Zunge und Gaumen einen angenehmen Kontrast zu vermitteln. Wird der Fisch mit fruchtiger Sauce serviert, können ein trockener oder halbtrockener Rosé und bei Fischzubereitungen mit gewürzbetonter Sauce, wie sie z.B. beim „Karpfen im Teigmantel" serviert wird, ein leichter, säurebetonter und nicht im Barrique ausgebauter Rotwein die richtige Wahl sein. Auch hier bestimmt letztlich das Ergebnis der Verkostung die Entscheidung für oder gegen einen Wein.

Serviertemperaturen für Weine

<u>Weißwein:</u> 8–12° C.
<u>Rosé:</u> 8–12° C.
<u>Rotwein:</u> 14–18° C.

Wertvolle Küchenhelfer

Wer öfters Fisch in unterschiedlichster Art zubereitet, der erkennt meist recht rasch, daß ihm hierbei qualitativ hochwertige Küchenutensilien wertvoll und hilfreich sind. Zwar läßt sich manches Gerät, das mehr für die Zubereitung von Fleisch und Gemüse bestimmt ist, auch in der Fischküche einsetzen, doch eben nicht jedes. Nicht ohne Grund werden z.B. spezielle Fischbratpfannen und Fischtöpfe angeboten, die die Zubereitung ganzer Fische oder großer Fischfilets ermöglichen. Immer gut beraten ist man, wenn beim Kauf von für die Fischküche notwendigen Utensilien weniger auf den Preis und mehr auf die Qualität geachtet wird. Die höhere Investition zahlt sich durch Gebrauchstüchtigkeit und Lebensdauer der Gerätschaft immer aus. Außerdem gibt es im Verlauf eines Jahres mehrere Anlässe, zu denen man sich von Familienangehörigen, Verwandten und Freunden das eine oder andere Gerät schenken lassen kann. Dezente Hinweise in diese Richtung werden meist dankbar angenommen, entheben sie doch den Schenkenden der Suche nach einem entsprechenden Präsent und geben ihm die Gewißheit, mit seiner nützlichen Gabe willkommen zu sein und eine besondere Freude zu bereiten. Nachstehend eine Auflistung von Dingen, die wertvolle Helfer bei der Zubereitung von Speisen mit und aus Fisch sind:

Messer, Scheren, Schupper

Benötigt werden ein kleines Küchenmesser mit gerader Klinge, ein Filetiermesser mit langer, schlanker und steifer Klinge sowie ein Tranchiermesser, das auch ein in der Klinge dünnes und schmales Lachsmesser sein kann. Eine gute Küchenschere, mit der sich z.B. Flossen leicht abschneiden lassen, sollte ebenfalls nicht fehlen. Zum Durchtrennen starker Rückengräten eignet sich vorzüglich eine Garten- bzw. Rosenschere, die separat und ausschließlich für den Gebrauch in der Küche erworben wird. Zwar können Fische mittels eines Messers geschuppt werden, doch wird dies durch den Einsatz eines Fischschuppers erleichtert. Hierbei handelt es sich um ein Gerät mit bogenförmiger, an der Schneide sägeförmig gezackter Klinge, im Handel auch als „Butterroller" angeboten.

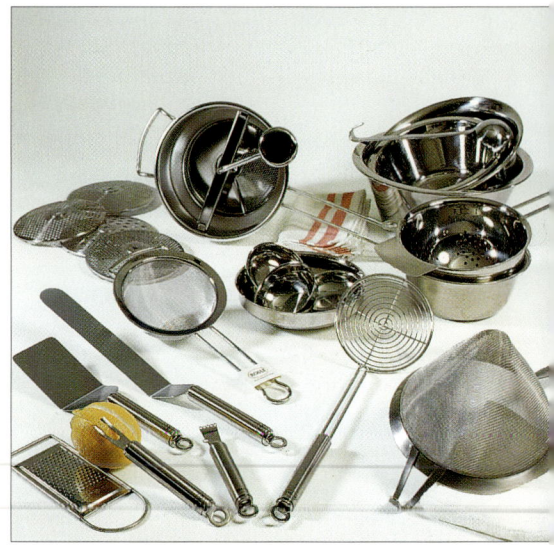

Passier- und andere Siebe, Schüsseln und sonstiges Kleingerät sind in der Fischküche unentbehrlich.

Küchenmaschine, Pfannen, Bräter, Töpfe

Bei der Küchenmaschine sind vielseitige Einsatzmöglichkeiten und ein leistungsstarker Motor, der gleichmäßig durchzieht und sich nicht überhitzt, gefragt. Das Gerät sollte, um z.B. Fischmus herstellen zu können, über einen Mixmessereinsatz (s. S. 19) verfügen – etwas, das sich im übrigen auch vorzüglich zur Herstellung eines Strudel- oder Hefeteiges eignet. Unter den im Angebot der Haushaltwaren-Fachgeschäfte erhältlichen und oval ausgeformten Fischpfannen gibt es hinsichtlich Material und Ausführung Unterschiede: Pfannen mit beschichtetem und unbeschichtetem Edelstahlboden sowie aus Eisen. Letztere müssen nach Gebrauch stets leicht eingeölt werden, damit sich keine Rostflecken bilden. Bei Brätern sind jene aus Edelstahl stets eine gute Wahl, allerdings sollten sie über einen Siebeinsatz verfügen.

Im Topfbereich gibt es spezielle Fischtöpfe von langer, ovaler Form mit Siebeinsatz. Das verarbeitete Material reicht von Kupfer über Edelstahl bis zu mit Keramik beschichtetem Stahl. Gute und zeitsparende Dienste leisten bei der Herstellung von Fischbrühen Schnellkochtöpfe, wobei hier bewährten, aus Edelstahl mit und ohne keramische Beschichtung bestehenden Markenprodukten die erste Wahl gilt.

Sonstiges

Grätenpinzette (ersatzweise kleine Flachzange), Krebszange (meist als Hummerzange ausgezeichnet), Spicknadel, Terrinen- und Pastetenformen aus Porzellan, Keramik, Aluminiumguß mit aufschraubbarem Deckel, Edelstahl oder Weißblech werden in der Fischküche ebenso benötigt wie ein Kurzzeitwecker, ein Entfettungsgefäß, ein fein tariertes Meßgefäß (bewährt: Babyflasche), unterschiedliche Schüsseln, Siebe, Schaumlöffel, Pfannenheber und Topflöffel. Dabei sind die aus Edelstahl gefertigten qualitativ und im Gebrauchsnutzen am hochwertigsten. Zum Passieren von durchgemixtem Fisch bedarf es eines leistungsstarken Passiersiebes mit unterschiedlichen Locheinsätzen und einer andruckstarken Feder, die auch bei steifer Füllmasse den Schaber fest auf den Siebboden drückt. Ein solches Gerät ist nicht billig; es kostet das Zwei- bis Dreifache eines normalen Passiersiebes. Sein Erwerb lohnt aber allemal.

Scharfe Messer, Scheren und Zangen werden immer benötigt, ebenso eigene Pfannen und Töpfe.

Menüfolgen

Hat man sich Gäste zum Essen eingeladen, und soll ein mehrgängiges Menü serviert werden, dann ergeben sich gleich mehrere Fragen: Was wird zubereitet und serviert, wieviel Speisen umfaßt das Menü, und wie ist deren Abfolge? Anregungen für die eigene Entscheidung sollen die folgenden Menüvorschläge vermitteln, wobei der eine Gang gegen den anderen ausgetauscht werden kann. Wichtig ist, zu wissen, daß sich bei innerhalb eines Menüs servierten Speisen deren Zubereitungsmengen verändern. Als Faustregel gilt, daß eine für vier Personen angegebene Zubereitung im Rahmen einer mehrere Gänge umfassenden Speisefolge meist für die doppelte Personenanzahl ausreicht, da die einzelnen Portionen geringer ausfallen.
<u>Hinweis:</u> Die Zahl in Klammer verweist auf die Buchseite, auf der die Zubereitung (eventuell mit anderen Fischarten) erläutert wird.

Menüvorschlag 1

Terrine vom Weißfisch mit Pistazien (160)
•
Hechtsuppe mit feinen Gemüsestreifen (134)
•
Mit Lachs-Gemüse-Ragout gefüllte Zucchini (20)
Reis
•
Zitronenschaumcreme

Menüvorschlag 2

Sülze von verschiedenem Fisch mit bunten Gemüsen (158)
•
Karpfensuppe (137)
•
Kalbsgeschnetzeltes mit Champignons
Spätzle
Salat der Saison
•
Apfelstrudel mit Vanilleeis

Menüvorschlag 3

Geräuchertes Forellenfilet mit Meerrettichsahne (172)
•
Brokkolisuppe mit Fischklößchen (133)
•
Gegrillte Lachsschnitte mit Kräuter-Sahne-Sauce (22)
Spaghetti
•
Rehmedaillons mit Steinpilz-Rahmsauce
Kroketten
Rapunzelsalat
•
Geeister Fruchtsalat

Menüvorschlag 4

Bunter Salatteller
•
Räucherfischsuppe (136)
•
Saiblingfilet im Crêpe-Mantel an Orangensauce (30)
•
Gefüllter Zander (64)
Butternudeln
Blattsalat
•
Weinschaumcreme

Menüvorschlag 5

Terrine vom Räucherfisch (173)
•
Tomatencremesuppe
•
Weißfisch im Strudelteig (90)
•
Gebratener Fasan auf Ananas-Sauerkraut
Kartoffelpüree
•
Gespickter Hasenrücken
Pfifferlinggemüse
Scheibe von der Semmelkloßrolle
•
Rote Grütze mit Vanillesauce

Menüvorschlag 6

Zander-Apfel-Salat (145)

•

Süßwasserfisch-Allerlei-Suppe (138)

•

Lasagne mit Krebsen (123)

•

Schleienfilet mit Champagnersauce (48)
Wildreis
Salat mit Walnußdressing

•

Marillenknödel

Menüvorschlag 7

Fischterrine (161)

•

Aalsuppe mit Schnittlauchröllchen (139)

•

Krebse in Cognac-Pfeffer-Sauce (125)

•

Karpfen im Teigmantel (44)

•

Käse-Obst-Teller

Menüvorschlag 8

Graved Lachs (148)

•

Krebssuppe (140)

•

Weißfisch-Calcone
mit Pfeffer-Sahne-Sauce (92)

•

Schleie im Salzmantel (51)
Kartoffelpüree
Rapunzelsalat

•

Hecht im Schweinenetz (74)

•

Topfenpalatschinken

Menüvorschlag 9

Lauchkuchen

•

Champignoncremesuppe

•

Fischmilch gebraten (129)

•

Welsfilet mit Spinatfüllung (96)

•

Fruchteis mit Holundersauce

Menüvorschlag 10

Salat von Räucherfischen (172)

•

Hühnerbrühe mit Eierstich

•

Schleie blau mit Meerrettichsauce (50)

•

Obstkuchen mit Sahne

Menüvorschlag 11

Krebstöpfchen (124)

•

Lachscremesuppe mit Klößchen (135)

•

Weißfischnudeln mit Tomatensauce (84)

•

Forellenfilet in Mandeldecke (35)

•

Crêpe mit Johannisbeergelee

Ein Menü erfordert mehr Zeit als die Zubereitung einer einzelnen Mahlzeit. Sinnvoll ist es, sich bereits Tage zuvor über dessen Zusammenstellung und den zeitlichen Ablauf in der Küche Gedanken zu machen und dabei gleichzeitig zu prüfen, was im Handel erhältlich ist. Rechtzeitig über die Wünsche ihres Kunden informiert, vermögen Fischfeinkostgeschäfte vieles zu besorgen, was im normalen Angebot nicht enthalten ist. Letztlich: Freude und Anerkennung der Gäste lassen vorangegangene Mühen vergessen und gereichen den Gastgebern zur Ehre.

Fachbegriffe der Angler und Fischer

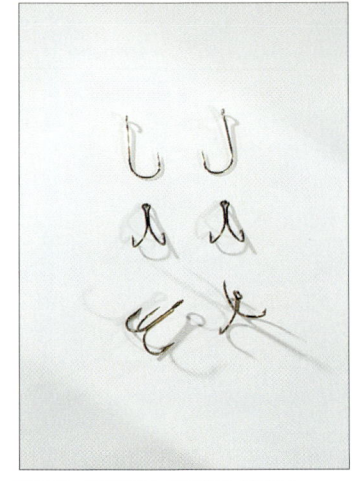
Einer-, Zwilling-, Drilling-Haken

Anködern: Anlocken der Fische durch Futter; Befestigung toter Köderfische an besonderen Hakensystemen zum Fang von Raubfischen, wie Hecht und Zander.

Blinker: Künstlicher, aus Metall bestehender, einem Fisch ähnelnder Köder. Dreht sich beim Ziehen durchs Wasser um seine Achse und täuscht dem Raubfisch einen kleinen Fisch als leichte Beute vor.

Casting: Außerhalb des Wassers mit der Spinnrute ausgeübte Sportart, bei der ein sich an der Schnur befindendes Spezialblei möglichst weit und in vorgegebene Zielräume zu werfen ist.

Drill: Das Heranholen eines am Haken hängenden Fisches. Je nach dessen Größe und Kampfkraft eine Zeit und Kraft erfordernde Tätigkeit. Der Drill soll den Fisch kräftemäßig erschöpfen, damit er schließlich aus dem Wasser geholt werden kann.

Elektrofischerei: Verfahren, bei dem über einen Elektrostab Strom ins Wasser geleitet wird, der die Fische im Umkreis von 2 m kurzfristig betäubt, so daß sie an die Oberfläche kommen. Es dient der Zählung des Fischbesatzes eines Baches oder Flusses und zur Regulierung der Fischbestände.

Blinker in unterschiedlicher Ausführung

Fliegenfischen: Angeln mit einer Kunstfliege als Köder, u.a. auf Äschen, Döbel, Forellen, Lachse, aber auch auf Karpfen, mittels Spezialrute, -schnur und -rolle. Der Angler wirkt so, als würde er eine Peitsche schwingen. Der Köder wird dabei auf die Wasseroberfläche gesetzt und vom Fisch geschnappt.

Gaff: Stab mit Haken, mit dem große Fische hinter den Kiemen gehakt und aus dem Wasser gehoben werden.

Hakenlöser: Geräte zum Lösen des Hakens aus dem Fischmaul.

Hungerwasser: Gewässer mit unzureichender Nahrung für Fische, die deshalb im Wachstum klein und im Körper dürr bleiben. Hungerwasser entsteht auch durch Überbesatz an Fischen.

Kescher: An einem runden oder eckigen Rahmen hängendes Netz, mit dem gefangene Fische aus dem Wasser gehoben werden.

Posen und Schwimmer

Kunstfliegen als Fischköder

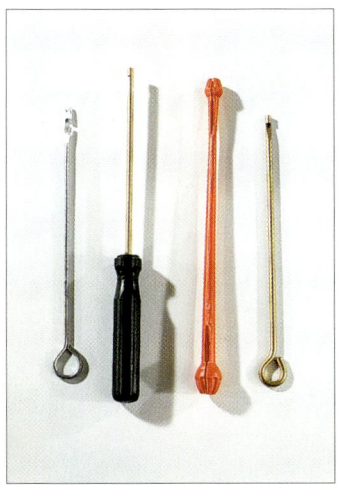
Verschiedene Hakenlöser

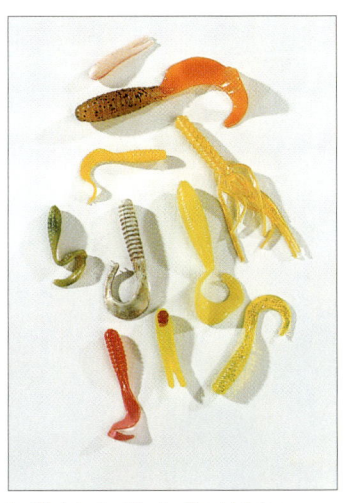
In Weichplastik als Fischköder nachgebildete Larven.

Laich: Bezeichnung für befruchtete, sich im Gewässer befindende Eier von Fischen, Kröten und Fröschen.

Milchner: Männlicher Fisch, in dessen Bauchhöhle sich noch der Samen (Milch) befindet.

Perücke: Eine zu einem fast unentwirrbaren Knäuel verwickelte Angelschnur.

Pose: Ein zwischen Angelhaken und -rute an der Angelschnur befestigter Schwimmer. Er zeigt an, ob ein Fisch anbeißt oder angebissen hat.

Reusen: Sich zum Ende hin verjüngende, sackförmige Stellnetze, die von Berufsfischern in Seen und Flüssen zum Fischfang eingesetzt werden.

Reusenzähne: Zähneartige Gebilde an den Kiemen der Fische, mittels derer Nahrung aus dem vom Maul durch die Kiemen fließenden Wasser herausgefiltert wird.

Rog(e)ner: Weiblicher Fisch mit Eiern in der Bauchhöhle.

Satzfische (Setzlinge): Zum Einsetzen in Gewässer bestimmte Jungfische, die meist von Fischzuchtanstalten bezogen werden.

Setzkescher: Netz, in dem gefangene Fische bis zum Schlachten lebend im Wasser gehalten werden.

Spinner: s. Blinker

Spinnfischen: Angeln mit einem Blinker (Spinner). Dabei wird dieser weit hinaus aufs Wasser geworfen und nach dem Untertauchen durch unregelmäßiges Aufrollen der Angelschnur (nachgeahmte Schwimmbewegungen) an Land gezogen.

Transportwasser: Künstlich mit Sauerstoff angereichertes Wasser in Transportbehältern, in denen Fische lebend von Gewässer zu Gewässer oder zum Fischhändler transportiert werden.

Vorfach: Sich zwischen Angelhaken und Angelschnur befindendes, aus Nylon oder Draht bestehendes, mit Wirbeln versehenes Zwischenstück. Es soll verhindern, daß der gefangene Fisch die Angelschnur durchbeißt und dadurch dem Angler entkommt.

Watstiefel(-hose): Bis zur Hüfte bzw. Brust reichende, wasserdichte Spezialbekleidung, mit der man bis über die Knie (Stiefel) bzw. Hüfte (Hose) ins Wasser gehen kann.

Zwilling: Doppelhaken, neben dem Drilling (Dreifachhaken) zum Fangen von Hechten und Zandern genutzt, regional nicht immer erlaubt.

Rezeptregister

Aal
-filet im Weinblatt ... 109
-gebraten in Salzpanade ... 110
-gebraten mit Edelpilzen ... 115
-gebraten mit grünem Spargel ... 113
-grün in Dillsauce ... 106
-mit Trockenobst ... 108
-rolle auf buntem Gemüse ... 112
-schnecken mit Mais-Gurken-Gemüse ... 114

Barsch – siehe Flußbarsch

Beilagen
Erbsenpüree ... 76
Fischnudeln ... 84
Kartoffel-Apfel-Gratin ... 71
Kartoffel-Petersilien-Püree ... 32
Kartoffelsalat ... 40
Speckkartoffeln ... 60

Brasse (Blei) – siehe Weißfisch
Döbel – siehe Weißfisch

Fischrogen und -milch
Fischmilch, gebraten ... 129
Fischrogen-Quark ... 128
-Pastete ... 165

Flußbarsch
-filet aus dem Dillsud ... 62
-filet mit Pfifferling-Rahmsauce ... 61
-mit Blattspinat ... 60
-mit Kürbissauce ... 58
-mit Senfsauce ... 59

Flußkrebse
-aus dem Würzsud ... 122
-flambiert in Cognac-Pfeffer-Sauce ... 125
-Lasagne ... 123
-töpfchen ... 124
-Zander-Ragout ... 120

Forelle
-filet im Crêpe-Mantel ... 30
-filet mit Kirschsauce ... 29
-filet mit Pistazien-Fruchtsauce ... 28
-gefüllt in Folie ... 26
-gefüllt mit Kräuterfarce ... 27
-mit Krebssauce ... 31

Hecht
-filet auf Tomaten / Paprika ... 72
-gespickt ... 70
-im Apfelwein-Gemüsesud ... 71
-im Champignonbett ... 77
-im Schweinenetz ... 74
-klößchen in Dillrahm ... 75
-mit Erbsenpüree ... 76

Huchen
-im Bierteig mit süß-saurer Sauce ... 34
-in Mandeldecke ... 35

Karpfen
-blau ... 41
-gebacken mit Kartoffelsalat ... 40
-im Teigmantel ... 44
-in Biersauce ... 46
-in Nuß-Honigbrot-Panade ... 45
-in saurer Sahne ... 42
-mit Backobst gefüllt ... 47

Krebs – siehe Flußkrebse

Lachs
-Gemüse-Ragout, Zucchini ... 20
Graved- ... 148
-kotelett mit Tomatensauce ... 24
-Sauerkraut-Pizza ... 23
-schnitte gegrillt, Kräuter-Sahne-Sauce ... 22

Räucherfisch
-salat ... 172
-suppe ... 136
-terrine ... 173

Rotauge – siehe Weißfisch
Rotfeder – siehe Weißfisch

Saibling
-filet mit Kapernsauce ... 32
-im Gemüse-Weinsud ... 33

Salate
Bunte Fischsalatplatte ... 144
Gemüse-Fisch-Salat ... 151
Reis-Fisch-Salat mit Pfifferlingen ... 150

Schleie im Salatbett	146
-von marinierten Weißfischfilets	153
Zander-Apfel-Salat	145

Saucen etc.

Basilikumbutter	33
Bier-	46
Bierteig	34
Butter-	51
Champagner-	48
Dillbutter	62
Dillrahm	75
Fondue-	98
Graved-Lachs-	148
Honigbrot-	44
Kapern-	87
Kirsch-	29
Kräuter-	91
Krebsbutter	122
Krebs-	124
Kürbis-	58
Meerrettichsahne	172
Meerrettich-	50
Orangen-	164
Pfeffer-Sahne-	92
Pfifferling-Rahm-	61
Pistazien-Frucht-	28
Sardellen-	74
Senf-	59
Senf-Sahne-	85
Speck-	70
Strudelteig	90
Tomaten-	84
Zitronenbutter	47
Zitronenschaum-	101

Schleie

-auf Pilz-Sauerkraut	53
-blau mit Meerrettichsauce	50
-filet mit Champagnersauce	48
-im Salzmantel	51
-mariniert und gebraten	52

Sülzen / Terrinen / Pasteten

Aal in Dillaspik	156
Fisch-Gemüse-Sülze	158
Karpfensülze	159
Pastete mit Fischmilch und -rogen	165
Pastete mit Lachsmusfüllung	164
Terrine von verschiedenem Fisch	161
Weißfisch-Terrine mit Paprika-Zwiebel-Gemüse	162
Weißfisch-Terrine mit Pistazien und Petersilie	160

Suppen

Aalsuppe mit Schnittlauchröllchen	139
Bouillon vom Wels	141
Brokkoli-Suppe mit Fischklößchen	133
Fischbrühe	132
Hechtsuppe mit feinen Gemüsestreifen	134
Karpfensuppe	137
Krebssuppe	140
Lachscremesuppe mit Klößchen	135
Süßwasserfisch-Allerlei-Suppe	138

Weißfisch

-Calcone mit Pfeffer-Sahne-Sauce	92
-filet auf Apfel-Zwiebel-Scheiben	88
-gebraten und mariniert	93
Gefüllte Tomaten mit	
-Mayonnaise	149
-im Strudelteig	90
-klößchen auf gedünstetem Gemüse	86
-krapfen mit Kapernsauce	87
-nudeln mit Tomatensauce	84
-rollmöpse	152
Rotfeder gegrillt, mit Senf-Sahne-Sauce	85
-Stäbchen mit Kräutersauce	91

Wels

-Champignon-Ragout	99
-filet mit Spinatfüllung	96
-gesotten auf Wirsing	103
-in der Zwiebelschale	102
-Lachs-Fondue	98
-pfanne, asiatisch	100
-stücke mit Zitronenschaum	101

Zander

-aus dem Bratrohr	67
-gefüllt	64
-schnitten, gefüllt	65
-gegrillt	66

Küchenbegriffe und -techniken

Ablöschen: Anlösen von Bratensatz durch Zugabe von Flüssigkeit (Wasser, Wein, Brühe).
Anbraten: Kurzzeitiges Erhitzen von Bratgut (z.B. Fleisch, Fisch, Gemüse) in heißem Fett (Bratentopf, Bräter, Bratpfanne), um dessen Oberfläche zu versiegeln und ihr Farbe zu geben.
Anschwitzen: Langsames Erhitzen von Lebensmitteln, insbesondere Gemüse, ohne daß sich deren Oberfläche verfärbt.
Aspik: Name für eine Speise, die in eine Form mit Gelee eingesetzt wurde; auch Name für Gelatinepulver.
Ausnehmen: Entfernen von Eingeweiden, meist nach vorherigem Bauch-Eröffnungsschnitt.
Baguette: Französische Bezeichnung für kleines, schmales Brötchen oder Weißbrot.
Binden: Andicken einer Flüssigkeit (Brühe, Suppe, Sauce) durch Zugabe von in Wasser aufgelöstem Kartoffelmehl, Mehl, Speisestärke oder von Mehlbutter.
Blauen: Bewußt herbeigeführte blaue Verfärbung der Schleimhaut bei Fischen durch Begießen der meist ungeschuppten Fische mit warmem Essigwasser bzw. durch deren Garen in einem mit Essig angereicherten Sud. Die Blaufärbung bleibt erhalten, wenn die aus dem Sud genommenen Fische mit flüssiger Butter begossen werden.
Blaukochen: s. Blauen.
Braten: Garen in heißem Fett mit nachfolgend absinkender Fetttemperatur.
Bratensatz: Am Boden des Bratgefäßes anhängende, beim Braten entstandene, vom Bratgut (Fleisch, Fisch, Gemüse) stammende Röststoffe.
Brühe: Flüssigkeit, die Aromastoffe in ihr gekochter Lebensmittel enthält; s.a. Fond.
Crème fraîche: Nach französischer Art eingedickte, mild säuerliche Sahne mit 30% Fettanteil.
Crêpe: Sehr dünner Eierkuchen.

Curry: Indische, meist aus Chili, Gewürznelken, Ingwer, Kardamon, Koriander, Kümmel, Kurkuma, Muskatblüte, Pfeffer und Zimt bestehende Gewürzmischung.
Dünsten: Garen im eigenen Saft mit und ohne Fettzugabe bzw. in wenig Flüssigkeit bei gleichbleibender Temperatur (meist um 100° C).
Durchpassieren: Weichgekochte Lebensmittel durch ein Sieb (Passiersieb) drücken oder streichen.
Durchseihen: Flüssigkeit durch ein feines Sieb (Haarsieb) oder ein Tuch gießen.
Eiweiß: Vom Eigelb (Eidotter) getrenntes Eiklar; Bezeichnung für eine lebensnotwendige organisch-chemische Verbindung in Lebensmitteln.
Enzyme: Auch Fermente genannt; Eiweißstoffe, die in Lebensmitteln biochemische Prozesse bewirken, welche zur Reifung, aber auch zum Verderb des Lebensmittels führen können.
Farce, Füllsel, Füllung: Im Mixer zerkleinerte oder durch den Wolf gedrehte und anschließend durchpassierte Masse, die mit Gewürzen, Eiweiß oder Sahne angereichert wurde.
Filetieren: Ablösen von Fleisch- oder Fischteilen vom Knochen mit nachfolgendem Häuten.
Fond: Französische Bezeichnung für Brühe, Sud, Bratensaft.
Garen: Sammelbegriff für Braten, Dünsten, Kochen, Grillen von Lebensmitteln bis zu deren Verzehrfähigkeit.
Gourmet: Französische Bezeichnung für Feinschmecker, Schlemmer.
Gratin: Im Backofen gegarte, durch Oberhitze überkrustete Speise.
Gratinieren: Überbacken, Überkrusten einer Speise durch Einwirkung von Oberhitze (Grill, Backofen).
Hollandaise: Bezeichnung für eine nach holländischer Art aus Ei und Butter (gegebenenfalls unter Zugabe von Wein) im Wasserbad cremig geschlagene und gewürzte, warme Sauce.
Julienne: In feine Streifen geschnittene Lebensmittel, überwiegend Gemüse.
Klären: Entfernen von Trübstoffen in Brühen, klaren Suppen, Gelee u.a., kann auf unterschiedlichste Weise erfolgen.
Legieren: Leichtes Andicken bzw. Sämigmachen einer Flüssigkeit (Suppe, Sauce) durch Zugabe von mit Brühe, Sahne oder Wein verschlagenem Eigelb.
Marinade (Beize): Durch Buttermilch, Essig, Fruchtsaft, Wein, Zitronensaft gesäuerte, mit Gewürzen, aber auch Öl vermischte Flüssigkeit zum Einlegen von Fleisch, Fisch, aber auch Gemüse.
Mehlbutter: In Mehl mit der Gabel eingearbeitete und zu kleinen Klößchen geformte Butter.
Pastete: Mit Teig umhüllte, gebackene, speziell aus Fleisch, Fisch, Gemüsen o.a. hergestellte Masse.
Reduktion: Bezeichnung für eine eingekochte Flüssigkeit.
Reduzieren: Einkochen einer Flüssigkeit.
Schmoren: Garen nach dem Anbraten in geringer Flüssigkeit bei mittlerer Temperatur.
Sojasauce: Unter Verwendung des Öls der Sojabohne und verschiedener Gewürze hergestellte asiatische Fertigsauce.
Spicken: Einziehen von Speckstreifen u.a. mittels einer Spicknadel in Fleisch oder Fisch bzw. Einstecken von Speckstücken in mit dem Messer vorgeschnittene Spicklöcher.
Tabasco: Scharfe, aus Chili, Essig, Salz hergestellte Fertigsauce, die es in roter und grüner (milder) Form gibt.
Terrine: Ohne Teigumhüllung hergestellte Pastete.
Timbale: Kegelförmige Terrine.
Toast: Geröstetes (Weiß-)Brot.
Worcestershiresauce: Fertige englische Würzsauce.

Literatur und Quellen

AID: Fisch, 1001/1996, Bonn.
Bachmeister A.: Das große Lexikon der Fischwaid, Verlag Fritz Ifland, 1969, Stuttgart.
Haas E.: Der Karpfenteich und seine Fische, Leopold Stocker Verlag, 1997, Graz.
Hager J.: Edelkrebse, Leopold Stocker Verlag, 1996, Graz.
Heintges F.: Sicher durch die Sportfischer-Prüfung, Institut für moderne Lehrmethodik, 1996, Marktredwitz.
Igler K.: Forellenzucht, Leopold Stocker Verlag, 5. Aufl. 1995, Graz.
Marggrander K.: Speisegelatine in Fleischerzeugnissen, Sonderausgabe der Deutschen Gelatine-Fabriken Stoess AG, Eberbach/Baden, 1991, Deutscher Fachverlag GmbH, Frankfurt am Main.
Rehbronn E.: Handbuch für den Angelfischer, Ehrenwirth Verlag GmbH, München, 33. Aufl. 1984.
Die große GU-Nährwert-Tabelle, 1996/97, Verlag Gräfe und Unzer, München.

Bayrische Landesanstalt für Fischerei (Dr. Mathias v. Lukowicz, Dr. Manfred Klein), Starnberg.
Bundesamt für Wasserwirtschaft, Institut für Gewässerökologie, Fischereibiologie und Seenkunde (Dr. Erich Kains), Scharfling am Mondsee.
Institut für Zoologie, Fischerei-Biologie und Fischkunde an der Ludwig-Maximilians-Universität (Prof. Dr. Rudolf Hofmann), München.
Institut für Biochemie und Technologie an der Bundesforschungsanstalt für Fischerei (Dr. Hartmut Rehbein), Hamburg.
Tiergesundheitsdienst Bayern, Fachabteilung Fischgesundheitsdienst (Dr. Christian Baath), München.
Schweizerischer Fischereiverband (Tobias Winzeler), Bern.
Verband der Deutschen Binnenfischer e. V. (Konrad Bartmann), Nürnberg.
Verband Deutscher Sportfischer e. V. (Anton Betz), Offenbach am Main.

Danksagung

Unser Dank gilt folgenden Personen und Unternehmen, die uns in vielfältiger Weise unterstützt haben:

Fischwirtschaftsmeister Jürgen Balk, Fachberatung für Fischerei Bezirk Mittelfranken, Nürnberg; Georg Bernet und Dipl.-Betriebswirt Thomas Bernet, Fischgroß- und Einzelhandel Franz Bernet, Nürnberg; Ulrike und Harald Brede, Teichwirtschaft Brede, Halver; Fisch Göbel GmbH, Herdecke/Remscheid; Karl-Hermann Hagenbeck, Hagenbeck-Gemüsehandel, Burscheid/Remscheid; Ingeborg und Herbert Irmler, Fischfeinkost Irmler, Remscheid; Ingrid Jamniak, Remscheid; Frank Kaiser, Damerow; Kerstin Diebel-Hinz, Kerstins-Angelladen, Remscheid; Fischereimeister Wolfgang Ksienzyk, Waren a.d. Müritz; Fischerei-Wirtschaftsmeister Andreas Pilgram, Lohmar; Fischereidirektor Dr. Dieter Piwernetz, Fachberatung für Fischerei Bezirk Mittelfranken, Nürnberg; Diplom-Fischereiingenieur Jens-Peter Schaffran, Fischerei Müritz-Plau GmbH, Waren a.d. Müritz; Gemüsehandel Borinka Wolf, Remscheid.

In der Küche und bei den Food-Aufnahmen haben wir Produkte folgender Unternehmen eingesetzt:
Baier-Waldfrüchte (Pressrath); Braun-Küchenmaschinen (Kronberg/Ts.); Continenta-Holztafelgeräte (Freiburg); Eschenbach-Porzellan (Schwarzenbach/Saale); Feldmann-Räucherschränke (Finnentrop); Weinhaus Fischer + Trezza (Stuttgart); Fissler GmbH (Idar-Oberstein); Friesland-Porzellan (Varel); Gerwig-Wein-Import (Kornwestheim); Weinhaus R. Heuser (Dillenburg); Italienisches Institut für Außenhandel (Düsseldorf); Nordtek-Tischwäsche (Weinheim); petra-electric (Burgau); Porzellanfabrik Schirnding Bavaria (Schirnding); Rösle Küchengeräte-Metallwarenfabrik (Marktoberdorf); Rosenthal Studio-Linie / Thomas-Porzellan (Selb); Wein-Import Bavaria GmbH (Krailling); Winterling-Porzellan AG (Schwarzenbach/Saale); Feinkost-Importhaus K. H. Wilms GmbH & Co. (Taunusstein); WMF-Bestecke (Geislingen); Schelte Wein-Import GmbH (Köln); Scheurich-Keramik GmbH (Kleinheubach); Weinimport Reidemeister & Ulrichs GmbH (Bremen); Schott Jenaer Glaswerk GmbH (Jena); Schott Zwiesel-Glaswerke AG (Zwiesel); Seltmann-Porzellan (Weiden); Silit-Werke (Riedlingen); Soehnle-Waagen (Murrhardt); Sommer OHG-Holzküchengeräte (Rastede); Spring AG (Eschlikon, CH); Stoha design (Hofstetten); Union Deutsche Lebensmittelwerke GmbH (Hamburg); Zeller Keramik (Zell).

Impressum

Umschlaggestaltung: Atelier Geyer
Titelbild: IDK-Service-Team
Porträtfotos 2. Umschlagklappe: Studio Tietze
Fotos: Olgierd Graf Kujawski; Fotos S. 117: Johannes Hager
Buchkonzeption: Olgierd Graf Kujawski
Layout: Olgierd Graf Kujawski / Peter Sting
Produktbeschaffung und Fotostyling: Ursula Gräfin Kujawski
Lektorat: Dr. Wolfgang Klesl
Produktionsleitung: Bernhard Stroißnigg

Die Deutsche Bibliothek – CIP-Einheitsaufnahme

Kujawski, Olgierd E. J.:
Die neue Fischküche : Köstlichkeiten aus heimischen Gewässern /
Olgierd E. J. Graf Kujawski. – Graz : Stocker, 1998
    ISBN 3-7020-0808-X

ISBN 3-7020-0808-X
Alle Rechte der Verbreitung, auch durch Film, Funk und Fernsehen, fotomechanische Wiedergabe, Tonträger jeder Art, auszugsweisen Nachdruck oder Einspeicherung und Rückgewinnung in Datenverarbeitungsanlagen aller Art, sind dem Verlag und dem Autor vorbehalten.
© Copyright by Leopold Stocker Verlag, Graz 1998
Printed in Austria
Lithographie: Reproteam Graz
Gesamtherstellung: Druckerei Theiss GmbH, A-9400 Wolfsberg